U0572677

廬山別野

罌哲文題

牯嶺上的石頭屋

STONE HOUSE OF KULING

廬 山 別 墅

VILLAS OF MT. LUSHAN

廬山博物館　編著

COMPILED BY LUSHAN MUSEUM

文物出版社

CULTURAL RELICS PRESS

2007 年 · 北京

BEIJING · 2007

封面設計　張希廣
責任印製　陳　傑
責任編輯　周　成

圖書在版編目（CIP）數據

廬山別墅／廬山博物館編著.—北京：文物出版社，
2007.4
ISBN 978-7-5010-2068-3

Ⅰ.廬...　Ⅱ.廬...　Ⅲ.廬山—別墅—研究
Ⅳ.K928.8

中國版本圖書館 CIP 數據核字（2006）第 145575 號

廬　山　別　墅

廬山博物館　編著

*

文 物 出 版 社 出 版 發 行
北京市東直門內北小街 2 號樓
郵 政 編 碼　　100007
http://www.wenwu.com
E-mail:web@wenwu.com

北京文博利奧印刷有限公司製版
北京美通印刷有限公司印刷
新 華 書 店 經 銷

889 × 1194mm　　1/16　　印張：20.5
2007 年 4 月第 1 版　2007 年 4 月第 1 次印刷
ISBN 978-7-5010-2068-3　定價：叁佰捌拾圓

《廬山別墅》編輯委員會

主　　編　鄒秀火

副 主 編　虞成萍　張武超

編輯成員　李　燕　黃　健
　　　　　左家瑩　薄冀萍
　　　　　杜成志

題　　簽　羅哲文

攝　　影　黃　健

説明審稿　羅時叙

英文翻譯　黃　韜　周　艷

目　　錄

CONTENTS

彩色圖版目錄

盧 山 別 墅 群

廬 山 別 墅

LIST OF COLOUR PLATES

VILLAS OF MT.LUSHAN

VILLA OF MT.LUSHAN

序

李 國 强

在方圓五百里、海拔千米上下的山峰間，聚集着十幾個國家數百棟石砌別墅，形成了中外名山中絕無僅有的建築奇觀。這座山就是廬山。本書展示的三百餘幅照片，就是廬山別墅大觀園的縮影。

廬山別墅，是廬山文化的驕傲，也是廬山歷史"活"的記録。一幢別墅，一頁石砌的歷史。它見證了廬山百年的開發史，見證了廬山各色文化的發展與興衰。

百年前的盛夏，當第一幢別墅悄然降臨在這大山以後，"廬山別墅"一曲文化變奏演繹着"神仙之廬"從未有過的"蘇黄朱陸不到處，湧現樓臺忽此山"的激情。從此，廬山別墅向世人展現了一個前所未有的文化景觀。

廬山別墅的出現，在世界建築大師的語中是"在中國，很難找到一處像廬山這樣以豐富的文化背景和美麗的自然環境并存的世界名勝"。黑川紀章在廬山別墅的林蔭道上，説出了令人耐以尋味的話語。同樣，也是世界建築大師的德國人貝歇爾深情地感嘆到"石砌別墅，賦予了廬山的個性"，是"把尊重風景作爲最高原則"的力作。在文化大師的眼中，却是"牯嶺，代表了西方文化侵入的大趨勢"。原本没有生命的大山，是人類的足跡和創造，賦予了"匡廬奇秀甲天下山"中那驛動、鮮活的靈魂。

廬者，屋也；秀矣，山哉。廬山別墅在今天成爲一段不可曲筆的歷史時，更是烙印在廬山文化青史上難以泯滅的記憶。十幾個國家，數百幢別墅，是大山寬容心理的凝練，是大山大同胸襟的展演，是大山博大情致的張揚……"菠蘿皮、荔枝皮、一面鏡"，在徐志摩《廬山石工歌》中跳躍出的個個音符，在它砰然落地時，留下處處讓人注目凝神的歷史。

匡廬別墅走過百年，成爲世界遺産、文化景觀靚麗奪目的錦卷。一扇木窗，納一縷山青水秀的陽光；一栅木欄，圍一園歐陸的風情。

用別墅這一串建築符號寫成廬山一段完整的歷史，是廬山人的創造和自豪。走近廬山別墅，看着那道近似頹廢的欄杆，透着鏽跡的鐵門把手，爬着低矮青藤的石墻，這裏注定是蘊含着滄桑往事。因爲滄桑，時間仿佛在這裏停止了流逝；因爲沉静，歲月好像又回到了過去的時光。

泥痕侵壁觀如畫，雨脚滴盆聽似琴。輕鬆與凝重等矛盾韻律演繹的廬山別墅文化史，蕩氣迴腸。華夏傳統文化的底蘊，化爲了廬山近代文化史的血脈，在歷史的長河中浩浩蕩蕩。

廬山別墅是一本讀不完的書，是一幅繪不盡的畫，是一曲吟不止的歌。古人有云：少年讀書，井中窺月；中年讀書，庭除望月；老年讀書，臺上賞月。別墅文化歷史，這縣薄之冊是值得不同職業、不同膚色、不同年齡的人們去窺、去望、去賞……

PREFACE

Li GuoQiang

In the mountain with a circumference of five hundred li and height of about one thousand metres above sea level, there gathered several hundred stone villas of more than ten countries. It is a unique wonder of architecture of the well-known mountains of the world. The special mountain is Mt. Lushan. More than 300 pictures in this book epitomize the magnificent sight of villas of Mt. Lushan.

Villas of Mt. Lushan, the proud of Lushan Culture is a live record for the history of Mt. Lushan. A villa is one page of history laid by stone. It vitnesses the exploration of hundred years of Mt. Lushan and the prosperity and decline of cultures here.

Ever since the appearance of the first western-style villa in a summer of a hundred years ago, a variation music of culture performs a enthusiasm of "The place where Su Shi, Huang TingJian , Zhu Xi and Lu You never been to, new buildings emerge into the mountain " which the "mountain of immortal" never has. Villas of Mt Lushan unveil a brand new cultural landscape to the world.

"It is not easy find a international scenic place like Mt. Lushan that has a rich cultural background and fantastic natural environment in China " said Kisho Kurokawa, a celebrated world architecture master ,in boulevard of Mt. Lushan. Beacher, another celebrated international architecture in Germany, said,"Stone villas endowed Mt. Lushan with an individual character", and "they are the masterpiece with respecting landscape as its highest principle". In the eyes of culturel master ," Kuling represent the great trend of western culture invasion". With the creativity and footprint of mankind, the lifeless mountain was given a fresh and dynamic spirit.

More than one thousand villas of more than ten countries are the embodiment of generousity, broad-minded, great harmony of the big mountain. The jumpting notes in the "Song of stonemason of Mt. Lushan" by Xu ZhiMo leave us a spectacular history.

Villas of Mt. Lushan have gone through a century.They are an important part of world heritage and is like a brilliant painting with cultural landscape. A wooden window holds a sun shine of great mountain and clear water. A wooden fence encircles an exotic atmosphere.

The history about villas of Mt. Lushan is the creation and proud of Lushan people. Simple fences, iron door handles, vine climbed stone walls seem to tell us remote stories. Time seems to stop here . The silence will carries us away back to the old days .

The mud traces on the wall is like paintings and the sound of rain dropping in the basin is like music. Easy and diginified and other contraditionary rhymes perform the cultural history of villa of Mt. Lushan.The Chinese traditional culture embodies the vessel of modern culture history of Mt. Lushan.

Villas of Mt. Lushan is a book, a painting and a song that never ends. There is an old saying: Reading in early youth is like getting a glimpse of the moon in the well, reading in the middle age is like seeing moon in the yard and reading in old age is like enjoying moon on the platform. This book about the Culture history of villa is worthy of researching by the people of different occupations,races and ages.

前　言

鄒　秀　火

　　神奇的北緯30°綫上，有着無數的傳奇和難解之謎，也點綴着人類文明的精華。埃及的金字塔、巴比倫的空中花園、西藏的布達拉宮、四川的三星堆以及有着世界"文化景觀"之稱的廬山。廬山的神奇在於它的文化，在於它那充滿傳奇色彩的歷史遺存。別墅建築則是典型的一例。

　　建築是人類在與自然的互動中找到的生存方式之一，也是人類思想觀念的"物化"形態。它是文化載體的符號，更是凝固的歷史。分布山林、大於器物的廬山別墅建築，在廬山文化史上，乃至中國建築史上都佔有一定的地位。廬山的"廬"，最早見於金文，在《詩經》、《爾雅》、《二十四史》中均釋爲住房之意。由此可見，廬山是一座與人類居住有着極深的淵源關係的風景名山。廬山別墅獨特風韻的形成，客觀上説它是與英國人李德立（E. S. Little）的開發分不開的。他記載道："我們便決定要在這山巔得一塊地皮。山巔原爲一片荒郊，豺虎野豕所出没的地方。間有一二燒野山者，寄居其間。古廟遺跡，隱約可見。在這寂寞荒凉之中，祇有古刹一所，傲然獨立。孤寥景象，更添上一點隱逸之風。"（李德立《牯嶺開辟記》）清光緒十二年（公元1886年）的冬天，此時的中國一片混沌。中法戰爭以剛剛簽訂令清政府毫無面子的停戰條約結束。以李鴻章爲首的洋務運動業已成一片敗相。一系列更慘烈的戰爭還没有開打，一連串更爲丟人的條約也還没有簽訂。但是，屬於中國内陸的大山却大多一改過去"天下名山僧佔多"的舊觀，成爲"天下名山洋人多"的局面。就在這年冬天，廬山的"山門"被悄然地打開……從此，廬山的別墅建築文化從白居易的"五架三間新草堂"，走向了一個全新的發展時期。後來一度成爲"夏都"的廬山，就連國民政府也准備將它的個別部委搬上山來。從公元19世紀末開始喧囂、紛繁、熱鬧起來的廬山，使達官顯貴、洋人買辦和各色人員紛紛來山建房，名人別墅綴如蜂巢。

　　廬山別墅的興建，一開始就呈現出浪漫的西方建築文化色彩。李德立强租廬山後，他請來了英國人甘約翰和德國人李博德進行全方位的規劃建設。在充分利用風景和生態資源的基礎上，順着山勢，以石徑鋪就小道連接各區；在小溪、小河上架石爲橋；沿着長衝河谷展開的林德賽公園凸顯英國自然式園林景觀；以牯嶺爲中心，開辟步行游覽綫，將景點連爲整體。在廬山別墅建設過程中，特別規定所售每號3.7畝土地的面積上祇准建築一棟別墅，建築密度控制在

15%以下，建築形式可根據個人的喜好來確定。這使得廬山別墅形成了强烈的自由形態。廬山田園牧歌式的別墅建築因山就勢，高低錯落，體量小巧，自然庭院各顯奇異。富有生氣的尖頂與敞開或封閉的迴廊流露出異國情調，紅色的鐵皮瓦與灰色的石墙、雨淋板相映成趣，精緻的老虎窗、高聳的壁煙囱與粗獷的駁坎、低矮的圍墙有如長歌短笛似地迴蕩在滴翠的大山之間……廬山的別墅建築以本土的材料，使用與中國全然不同的建築語言符號，與廬山自然和諧共存，構成一幅完美的人文山水畫卷。歐美民間建築風格的別墅與這座有着深厚而悠長的中國傳統文化底蘊的名山巧妙地融合，使其建築融於風景，風景融於建築。既體現中國傳統文化崇尚天人合一、自然比德、人與自然休戚與共的人文親和關係，又表現了西方文化中追求自由、享受自然、崇尚恬静的生活方式。兩種不同的文化、生活方式在廬山找到了最佳的契合，從而使廬山成爲中國大地上的一座"世界近代建築博物館"。正如公元1928年春天大學者胡適來廬山游歷後所寫的那樣："牯嶺，代表西方文化侵入中國的大趨勢。"

廬山別墅不僅以其獨特的建築形式和表現方式被人們所青睞，而且由於衆多的中外名人所居住，更使其在文化內涵上充滿了傳奇的色彩。在有關這些別墅的記載中，人們可以找到一連串影響歷史進程的大人物的身影……彌散着歐陸風情和記述着時代風雲及歷史變遷的廬山別墅，既是歷史的見證，也是廬山的驕傲。當廬山別墅不再僅僅被視爲歷史遺物時，漸漸地却成爲廬山的一種標誌，升華爲一種自豪。其實，這也是符合文化發展規律的。事物的文化價值是一種認識價值。當它定型於歷史，其內在的象徵着那一歷史時期種種特徵的文化意義，纔會被人們漸漸發現和認識。廬山別墅正是這樣。它讓人們在揣摩中感受廬山百年的風雲變幻，在撫摩中擴展着對廬山明天的想像。公元1995年5月，聯合國教科文組織世界遺産委員會專家德·席爾瓦考察廬山時說："廬山別墅從外觀和環境看是外國的東西，但內在的精神上却是民族的，是修建者和保護者的精神的一種折射。"廬山別墅的存在意義得到聯合國專家的肯定，是廬山世界文化景觀的重要載體。公元1996年以來，國務院又將廬山別墅八個地點公布爲全國重點文物保護單位，廬山優秀近代建築的歷史與藝術價值再次得到肯定。廬山別墅不僅具有居住的功能，更是一道亮麗的風景綫。德國著名建築師貝歇爾考察廬山後評價廬山別墅群"房屋和週圍的景色聯繫在一起"，用中國成語形容就叫"萬綠叢中一點紅"。這就是和諧的象徵。

今天，當人們漫步廬山別墅群中，眼前全是陳年舊影。既古樸清雅又精緻婉約，既內斂深沉又舒展奔放，猶如一個遺世獨立的哲人。那種氣質說不出是超然脫俗還是桀驁不馴，抑或是孤獨使然。不管如何，廬山別墅帶給人們的震撼確實是從內心深處突兀而來的。

公元 2006 年 9 月 11 日

PREFACE

There exist countless mystery places and legendaries along the amazing 30 degrees of north latitude such as the Pyramids in Egypt, the Hanging Gardens in Babylon, the Potala Palace in Tibet and the Sanxingdui of Sichuan Province in China. Mt. Lushan, known as a cultural landscape of the world, is also one of those charming spots. The magic power of Mt. Lushan comes from its culture and historical relics. Villas of Mt. Lushan are regarded as a good exhibition of the culture and constitute an amazing part of her historical relics.

They occupy a special position in the history of Lushan culture and even in the history of Chinese architecture. The unique features of those villas is closely connected with a British missionary E.S. Little. It was E.S. Little who first started the exploration of Mt. Lushan in the winter of 1886. Later Mt. Lushan became the "Summer Capital" of Kuomingtang government. Since the end of 19th century, the mountain was bustling with different people: high-ranking officials, dignitaries, and foreigners etc. Those people came to set up their summer homes in Mt. Lushan. Ever since, hundreds of villas of styles came into being in Mt. Lushan. The buildings of Mt. Lushan then entered a new Era shifting from the formal stage of cottages with five frames and three rooms to the stage of stone villas. The green mountain then is dotted with villas with their pointed roof. To date, there still exist many villas that used to belong to well-known figures in history.

The building of villas in Mt. Lushan featured the colonial culture from the very beginning. E.S Little asked John Berkin, a British and Lippold, a German to make the overall planning for his exploration. In order to fully utilize the landscape and ecology resources, stone paths were built to connect neighboring areas. Stone bridges were built above brooks and rivers. Lindsay Park, a British-styled natural park was built along the Changchong River. Scenic spots were connected by walking paths for sightseeing with Kuling town as their center. For the buildings of villas in Mt. Lushan, several specific rules have been laid down: only one villa is allowed to be built in an area of 3.7 mu; the density of building is limited under 15 percent and the building style of every villa is decided based on its owners liking. Villas of Mt. Lushan are established in harmony with the physical features of the mountain. Their vivid pointed roof, gray stone and the wooden wall, loft window, high fireplace chimney, raw retaining wall are just like a melody echoing with the green mountain. All these form a perfect pastoral painting in the nature. The stone villas were made from local building materials but were designed quite different from traditional Chinese buildings. Architecture is perfectly melted into the remarkable landscape to yield a uniformed effect. They are not only in a harmony with the nature but also attempt to integrate exotic architecture flavor with the traditional Chinese spirit and culture. Those buildings attempt to fulfill the traditional Chinese pursuit of the unity of heaven and human and the harmony between man and nature as well as to pursuit the life style of the western culture of seeking freedom, enjoying nature and cherishing peace. The buildings of Mt. Lushan are distinguished by the balance between these two different cultures and life styles. The peculiarity of villas leads Mt. Lushan to become an " international modern architecture museum" in China . In the words of the great scholar Hu Shi after his visit to Mt. Lushan in the spring of 1928, "Kuling represents the megatrend of the invasion of the western culture into China."

Villas of Mt. Lushan attract people with its unique architecture styles and features. In addition, those villas are full of legendary since they used to be the residents for different celebrities from home and abroad. Those villas have witnessed the livings and activities of those great historical figures. In May 1995, Mr. De Sliver, the specialist of World Heritage Committee of UNESCO, said when he inspected Mt. Lushan, "The appearance of those villas and their surrounding display a strong exotic atmosphere, but inside we can still sense the national spirit. They reflect both the spirits of the constructors and protectors." Since 1996, the State Council announced eight points in Villas of Mt. Lushan to be at the list of the National Key Cultural and Historical Relics Protection. The historical and artistic value of modern architecture of Mt. Lushan was reproved. Villas of Mt. Lushan are not only suitable for living, but constitute the brilliant and peculiar beauty of Mt. Lushan. Beacher, a well-known German architect, said when he paid a visit to Lushan, "Houses are fitted in well with the surroundings". His words can be best explained by the famous Chinese poetry, "the red flower on a backdrop of greenery". This is the symbol of Harmony.

August 20th,2006

廬山別墅建築的歷史文化價值

歐陽懷龍

一 廬山概况

1 地理環境

廬山位於江西省北部，北瀕長江，東臨鄱陽湖，爲幕阜山餘脉東端，屹立在長江鄱陽湖大平原上，屬於副熱帶湖盆地區山地，東經115°52′～116°08′，北緯29°26′～29°41′，總面積約302平方公里。

廬山地處江湖交匯區域，山勢雄偉峻秀，構成一幅氣勢磅礴的山水畫面。廬山的中心牯嶺海拔1165米，最高峰漢陽峰爲1483.6米，年平均氣溫11℃，盛夏7月平均氣溫22℃。它與長江沿岸這些"火爐"城市相比，堪稱理想的避暑勝地。

廬山位於九江市南郊，離九江市32公里。自古以來，九江位於中國南北水道贛江、鄱陽湖、大運河與東西水道長江的交匯點上，是主要經濟動脈的交匯點，地理位置優越。鴉片戰爭後，長江沿綫城市逐步開放。第一次、第二次鴉片戰爭後中國開放的十五個城市中長江沿綫有七個，九江爲其中之一。廬山與九江相鄰，所處地理位置優越，交通方便，處於活躍的沿長江經濟帶上。廬山在近代繁榮發展，成爲長江中下游著名的旅游和避暑勝地，具備了天時、地利的條件。

2 歷史沿革

廬山始稱"敷淺原"，見於《尚書·禹貢》。公元126年，司馬遷登上廬山考察，"觀禹疏九江"，廬山之名開始載入史册。

廬山的歷史可分爲四個階段：第一階段爲初創期，從秦漢至魏晋、南北朝。慧遠來到廬山興建東林寺，創建淨土宗。許多學者、名士、僧人、道士來此修身養性，隱逸著述。此山成爲當時中國的佛教、道教聖地。文人薈萃，山水詩、山水畫成爲一時之盛。第二階段爲全盛期，自隋朝至南宋中葉。李白、白居易、蘇軾游覽廬山，寄情山水，寫下詩歌名篇。朱熹重修白鹿洞書院，成爲中國古代教育中心和理學基地。第三階段爲衰落期，自南宋末葉至清代末年。廬山遭受戰亂破壞，寺院摧毁，書院荒凉，廬山由盛而衰。雖然明朝皇室和清朝在廬山做了一些復興之事，書院、寺廟有所恢復，但都無力挽回衰落的命運。第四階段爲繁榮期，自清朝末年到現在。第二次鴉片戰爭後，西方國家的傳教士、商人紛紛來廬山建房避暑，廬山牯嶺逐步繁榮興旺。公元20世紀20年代至40年代，廬山成爲當時中國的"夏都"和著稱於世的避暑勝地。中華人民共和國成立後，牯嶺日新月異。公元20世紀50年代至60年代，廬山已成爲中國著名的療養基地，一個多功能、綜合性的風景名勝區初具規模，而今更成爲國內外著名的旅游勝地。

廬山建設別墅有悠久的歷史。公元340年，文學家、書法家王羲之任江州刺史，在廬山南麓金輪峰下玉簾泉附近營建別墅。爲練習書法，王羲之在別墅附近建"墨池"和"鵝池"。王羲之調離江州時，將別墅捨爲寺。此寺成爲著名的歸宗寺，是廬山古代第一座寺院。陶淵明（公元365～427年）在《歸去來兮辭》中描寫了田園屋宇樸素而悠閑的景象："乃瞻衡宇，載欣載奔。童僕歡迎，稚子候門。三徑就荒，松菊獨存……引壺觴以自酌，眄庭柯以怡顏。倚南窗以寄傲，審容膝之易安。園日涉以成趣，門雖設而常關。策扶老以流憩，時矯首而遐觀。雲無心以出岫，鳥倦飛而知還。"公元756年，著名詩人李白游廬山，隱居屏風疊，建太白草堂。他在《贈王判官，時餘隱廬山屏風疊》一詩中說："大盜割鴻溝，如風掃秋葉。吾非濟代人，且隱屏風疊。"屏風疊在五老峰下。李白在《望五老峰》詩中寫道："廬山東南五老峰，青天削出金芙蓉。九江秀色可攬結，吾將此地巢雲松。"公元815年，詩人白居易來九江任江州司馬。他在東林寺附近香爐峰下建"廬山草堂"，草堂"三間兩柱，二室四牖"，并寫下著名的《草堂記》。他在《香爐峰下新卜山居，草堂初成，偶題東壁》詩中寫道："五架三間新草堂，石階桂柱竹編墻。南檐納日冬天暖，北戶迎風夏月涼。灑砌飛泉纔有點，拂窗斜竹不成行。來春更葺東廂屋，紙閣蘆簾著孟光。"

雖然這些別墅、房舍和草堂早已不存在了，但它們創造出的選址、建築與環境的巧妙結合、樸素無華的裝修、情景交融的空間效果和借景理水的設計手法，卻是遺留給後人的寶貴財富，并譜寫了在山水之間建設別墅的最早篇章。

二　廬山牯嶺的開發建設過程

1　歐風初起

時至公元19世紀，廬山已是"種蓮採菊兩荒凉"，書院、寺廟一片荒蕪。但是，歷史開始發生變化，一股新的歷史波瀾從長江湧向廬山，外國殖民主義的文化和經濟觸角慢慢伸向廬山。

對廬山的外來影響最早來自兩方面，即海關的建設活動與天主教在九江和廬山地區的傳播。正是海關官員的活動與法國天主教士的傳教活動，揭開了廬山近代大規模營建的歷史序幕。

公元1450年，明朝開始在九江設立收稅機關——九江鈔關，負責徵收長江和鄱陽湖過往商船的通過稅。公元1723年，清政府將九江榷關自湖口移至九江，同時在距九江20公里的姑塘設立姑塘分關。從此以後，荒凉的小漁村變得繁華起來，有碼頭、驛站、會館、酒店和茶樓，商賈如雲，檣桅林立。

公元 1858 年《天津條約》簽訂後，九江與南京、漢口等城市一起被開放爲通商口岸。公元 1861 年，在英法脅迫下成立了九江海關，代替原來的九江權關，同時設有姑塘分關。據記載，從公元 1863 年至 1928 年，中國海關從北京到地方實際都由外國人控制，重要職位均由英、美、法、德、俄、日等國人充任，九江海關與姑塘分關也一直由外國人管理，關稅權由外國人攫取。

姑塘海關現存建築有三幢，分別爲外班辦公樓、內班辦公樓和住宅，均爲歐式建築。這些建築約在公元 19 世紀末建造，房屋依湖濱山地興建，圍墻將三棟房屋圍成院落，佔地面積 2028 平方米。這是在九江和廬山風景區範圍內建設的早期近代建築。

在九江海關和姑塘海關的官員中，有一位法國人波氏。他在海關任職多年，娶附近彭澤人黎氏爲妻。他們在廬山北麓蓮花峰下蓮花洞旁建一棟兩層樓的別墅。房屋依山而建，風景優美，又可避暑，建築結構爲歐洲券廊式，建築面積 539.3 平方米，被稱爲波黎公館。此公館毗鄰周敦頤的濂溪書院，建於公元 1891 年，是廬山現存的第一幢近代建築（圖一）。

公元 1582 年，法國天主教傳教士利瑪竇（Matteo Rocci，公元 1552～1610 年）來華，公元 1595 年至南昌，建天主教堂。公元 1838 年，法國天主教主教穆導源來九江，建九江教區（即江西教區），首任九江天主教主教。公元 1862 年，法國

圖一　波黎公館

人羅安主教在庚亮南路 43 號建九江天主教堂，建築面積 600 平方米，佔地面積 996 平方米。公元 1911 年至 1931 年法國人樊迪埃（公元? ～1931 年）任九江主教。此人長期在江西和黃梅等地傳教。公元 1894 年，樊迪埃在廬山牯嶺香山路建天主教堂，稱聖母昇天教堂（註一）。樊迪埃在蓮花洞狗頭石租地一塊，并將山谷稱爲天主堂谷。據《廬山志》記載："谷爲法教士居留地，係近年新建。"其中還記載："説者謂七十年前已有外人避暑來此。其廬尚存，實爲外人入山之第一人。惜其名已不傳矣。"（註二）按此記述，狗頭石附近的歐式建築大約應建於公元 1863 年。當時尚存遺跡。

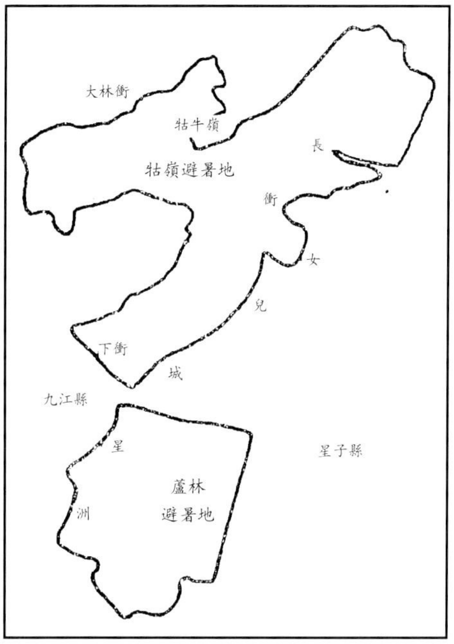

圖二　廬山避暑地地圖
（引自江西省文獻委員會編印《清季江西交涉要案彙編》第 10 頁，1949 年版。）

2 避暑地的開闢

隨着大量外國傳教士和商人來華活動，爲炎熱的盛夏尋找避暑地的努力一直延續不斷。公元 19 世紀末至 20 世紀初，在氣候清凉、風景秀麗的深山和濱海開闢居留區域的努力已初見成效。這些地方有北戴河、杭州莫干山、河南鷄公山和江西廬山牯嶺。其中又以廬山牯嶺最爲著名（圖二）。

公元 1886 年冬，英國基督教教會傳教士李德立（E. S. Little）由鎮江至武漢時，由中國傳教士戴古臣作嚮導，"從沙河經九十九盤、天池寺、黃龍寺到女兒城，登高下望，見長衝一帶地方，地勢平坦，水流環繞，陽光充足，極合建屋避暑之用"。從此開始了他侵佔和開發廬山牯嶺地區的活動。

李德立，商人、傳教士和漢語學者，英國肯特郡人，生於公元 1864 年，公元 1939 年在新西蘭克瑞克瑞（Kerikeri）去世。他公元 1886 年來華（註三），同年登廬山，在廬山活動長達四十五年。公元 1898 年，他任英國卜內門公司（Brunner, Mond & co.Ltd.）駐中國總經理、上海英租界工部局董事。公元 1911 年 10 月，推翻清朝的"辛亥革命"爆發。李德立發起調停，參與"南北和議"。南北雙方的代表在李德立的上海別墅"望廬"舉行會談，促使清朝宣統帝退位。爲表彰李德立在促進中華民國成立時所起的積極作用，孫中山先生曾授予其"和平使者勛章"（註四）。公元 1921 年至 1923 年，李德立任澳大利亞駐中國商務代表。

公元 1894 年，李德立組織漢口的傳教士來山避暑。同年夏，李德立組織英國漢口教會的六位傳教士對牯嶺進行詳細考察。同時，爲取得土地的開發權，他同九江市、德化縣衙門交涉，開始了曠日持久的訴訟案。同年 7 月發生中日"甲午戰爭", 清政府下令各省保護外僑, 九江道官員對李德立的侵佔行爲表示軟弱和讓步。公元1895年冬, 李德立與清朝德化縣衙門訂立了租地契約。同年農曆11月6日 (公曆12月31日), 九江道臺與英國駐九江理事簽訂《牯牛嶺案十二條》。此協議規定將長衝一帶土地租給英國人建屋避暑, 租期九百九十九年, 每年租錢十二千文。這是一個侵略性的條約。這種租地實際上是永久性買地。與此相適應, 清政府於公元1895年在廬山設立警察局, 公元1908年設清丈局 (相當於土地局)。公元1926年, 清丈局改爲管理局, 隸屬九江市, 次年4月改爲省轄。據此而言, 廬山很早就建立了政府管理機構, 對牯嶺實行了有效的行政管理。

公元1895年, 李德立建立廬山牯嶺租借地的管理機構托事部, 由李德立主持, 托事部下設牯嶺公司。公元1899年設立市政議會 (又譯董事會)。公元1894年, 李德立開始了牯嶺地區的考察與建設。公元1895年, 他開始聘人制訂建屋避暑計劃 (即規劃)。牯嶺地區規劃由英國工程師波赫爾 (A. Hudson Broomhall) 主持。這是廬山近代史上第一個規劃。公元1899年, 廬山牯嶺建設已初具規模, 幾十幢別墅竣工。公元1917年, 已有別墅五百六十棟, 居民四千四百三十九人。公元1928年牯嶺有居民七千六百七十九人, 公元1931年爲一萬零五百三十九人, 公元1936年爲一萬四千零五十二人。居民分別來自英、美、德、法、俄、瑞典、芬蘭、奧地利、挪威、瑞士、丹麥、葡萄牙、意大利、日本、比利時、加拿大、荷蘭、希臘等二十餘個國家, 形成由多國居民居住的市鎮。

經過李德立十年探索 (公元1886~1895年) 和三十五年經營 (公元1896~1931年), 廬山遂成爲國際性的避暑勝地。

3 東方 "夏都"

國民黨召開 "廬山會議", 始於公元1926年。公元1928年, 國民政府在南京成立。由於廬山地近南京, 南京又是長江流域 "三大火爐" 之一, 故而每至炎夏, 南京軍政頭目便紛紛來廬山開會與避暑。據《廬山續志稿》記載, 從公元1932年至1948年, 國民政府在廬山多次舉行會議。蔣介石在廬山有多處別墅和行宮。《廬山續志稿》云: "內政外交, 輻輳咸集, (廬山) 蔚爲全國軍事政治之中心。牯嶺一隅, 乃有 '暑都'、'夏都' 等 (報章亦有 '金陵'、'夏京' 者) 稱號。"(註五) "夏都" 的另一重要意義, 應是廬山爲中國最著名的避暑勝地。

三 廬山牯嶺的早期規劃

1 早期規劃的制訂

規劃工作公元1895年開始, 公元1898年完成。李德立在《牯嶺開辟記》中指出: "托事部爲謀牯嶺公司的擴大起見, 乃組成一個委員會。委員爲亞當·約翰和李德立。後來又有波嚇爾專司計劃的執行。自從去年 (公元1898年) 夏季以來，我們爲此計劃極力地交涉，但迄今尚未達到目的。"(註六)此處所説的"波嚇爾專司計劃"，即指波赫爾工程師規劃，即牯嶺規劃。它在公元1898年已完成。此規劃於公元1905年擴大。現在人們見到的規劃圖爲公元1905年制訂(參見附録一)。盧山在早期開發中有科學嚴謹的規劃，而且有嚴格的措施和管理體制，用以保證規劃的實施。

規劃中主要道路沿長衝河展開。社區内道路大致形成方格形。南北向三條道路大致沿等高綫排列，東西向道路幾乎垂直等高綫，爲石級路面，形成方便而規整的道路網絡。

土地利用規劃。在道路方格中，劃出面積2800～4000平方米的方塊，然後編號出售。每塊土地建一套別墅。別墅週圍形成自然式庭院。建築密度控制在15%以下。

河谷兩岸地勢較爲平坦，作爲公園和緑化用地。兩岸山坡地上，30°以下的坡地作爲建築用地，30°以上的山地則保留原有的山林，別墅週圍保留大量的天然樹木。

2 早期規劃的特點

(1) 科學、系統的社會調查與風景資源調查

公元1894年，李德立組織英國漢口教會傳教士及有關專家對盧山進行全面考察。考察範圍以牯嶺爲中心，包括盧山整個山體，對歷史、社會、宗教、古建築、民俗、動物、植物、景點名勝和地理地質都進行了全面而深入的調查，爲盧山規劃提供了科學基礎。

(2) 沿河的帶狀緑地與中央公園

規劃中將公園緑地布置在東谷最好的地段——河谷兩岸。長衝河從漢口峽開始，河道彎彎曲曲，平緩的山間谷地生長着樹林和青草。規劃從一開始就抓住這一特徵，將河流與山谷予以保留，將山間谷地形成英國自然式園林，并開闢爲林德賽公園 (Lindsay park)。把公園作爲城鎮的中心，沿河布置帶狀緑地，形成完美而自然的環境。這是當時美國剛剛興起的風景建築學手法。

(3) 鄉村別墅式城鎮布局

房屋分布在河谷兩側山坡上，朝向和位置帶有隨機性，朝向没有規律，房屋離道路的距離遠近不一。房屋被林木掩映，從漢口峽到盧林没有連續的街景，建築不形成連續的畫面，時隱時現。祇有進入庭院，很多別墅纔豁然開朗，顯出豐富多彩。建築在平面分布上的離散性與大自然的隨機狀態有機地結合在一起，好像別墅是大自然不經意灑在大地上的彩色石子。

房屋按土地分塊建設，大多數有自然式庭院，以孤植或叢植的鄉土樹種如松、厚樸、山玉蘭、山櫻、銀杏和成片草坪爲其特色。户與户之間用道路分隔。離散性房屋、自然式庭院、花園般環境和方塊式土地範圍和諧地結合在一起，形成具

有優雅鄉村自然景色的近代城鎮格局。

（4）因山就勢，結合自然

建於山坡地上的別墅因山就勢，隨高就低。別墅建築高低錯落。就是一個院落內，房屋也不在一個高程上。沒有大量的土方開挖，沒有地形的改造。房屋週圍保持着自然的斜坡和天然樹木，很多別墅旁是斜坡草地，草地上散落着圓拙的巖石。人與自然和諧地結合在一起，別墅融合在山林流水之間。

（5）豐富的社會功能

組織豐富的服務功能，是現代城市規劃的原則之一。盧山的近代開發，將盧山從文人的行吟之地和群衆燒香拜佛的地方引向近代社會的積極生活。社會功能包括以下幾方面：

Ⅰ）避暑。

Ⅱ）療養與度假。盧山成爲長江中下游外國人、宗教人士和達官商賈的度假基地。

Ⅲ）游覽。組織許多步行游覽綫和景點。

Ⅳ）完整的城市功能。牯嶺已有系統的市政道路、自來水、路燈和發電等。當時牯嶺已有商店七十餘家，有郵局、銀行、醫院、學校、俱樂部、教堂、影劇院、旅社、圖書館和網球場等，具有較爲系統的城市功能。

（6）多元共存的建築風格

東谷、盧林及西谷地區統一規劃，有英、美、德、法、俄、日、意大利、奧地利、瑞典、瑞士、挪威等二十幾個國家業主建造的別墅，還有造型別致的教堂、學校和醫院等，風格各异，做法不一。多元的風格處在同一條山谷之中，互補相容，豐富多彩，和諧而不雜亂，可謂中國近代史上最早的"世界村"，堪稱中國近代興建的一座頗具特色的"世界建築博物館"。

（7）齊全的公共設施，豐富的社會生活

社區內有較多的公共建築與設施。在牯嶺公司、牯嶺議會附近，分布了各種公共與服務設施。由於公共設施較爲齊全，社區生活豐富而生動。正如《盧山的歷史》一書中所指出："夏季有許多娛樂生活可供人們消閑，如各種宗教活動、各種音樂會和講座等，爲人們提供了豐富的選擇餘地。牯嶺的娛樂設施是無與倫比的。"

3 早期規劃的歷史文化價值

盧山在中國近代急遽繁榮起來。公元20世紀20年代，譚延闓曾寫道："蘇黃朱陸不到處，湧現樓臺忽此山。無數峰尖雲海裏，豈知培塿在人間。"這個擁有雲中樓臺的山林城市的出現，標誌着盧山進入了一個新的時期。

（1）"花園城市"的最早典型

盧山牯嶺的早期規劃與英國公元十九世紀空想社會主義思想和花園城市理論

有着深刻的聯繫。英國社會活動家霍華德（Ebenezer Howard）基於工業化和自然、城市及鄉村的矛盾，提出"花園城市"方案，并於公元1898年至1902年撰寫《明日的田園城市》一書，開現代城鄉規劃的先河。盧山早期規劃形成於公元1898年至1905年，公元1898年實際上已完成規劃，早在公元1895年就已經開始牯嶺的規劃與開發。牯嶺的規劃和建設與霍華德的"花園城市"方案具有驚人的一致性。其表現可以概括爲以下幾個方面：

Ⅰ）城鄉結合。霍華德提出"城鄉磁體"，使城市生活與鄉村環境像磁鐵一樣相互吸引、共同結合。城鄉結合既具有高效能的城市生活，又具有環境清淨、美麗如畫的鄉村景色（註七）。盧山早期規劃組織了完整的城市功能與結構，形成了系統的市政交通，有豐富的社區生活和發達的城市文化，同時保存了山林特色，環境優美，疏林草地，流水高山，形成了完美的城鄉結合體。直至今日，盧山"無數的紅色屋頂，掩映在綠色的樹海之中，各種款式的別墅，隨着山勢起伏，錯落有致，構成一幅'人間天堂'的美麗圖畫"（註八）。這確實是一座花園城市。

Ⅱ）有完整而嚴格的土地規劃。土地劃爲方塊出售，與田園城市設想相似。

Ⅲ）田園城市構想有一條3英里長的帶形綠地。東谷的沿河帶形綠地長約2400米，同時與中央公園結合在一起，是牯嶺規劃的華彩地段。

Ⅳ）較低的建築密度。相對於英國當時城市的人口密度和建築密度，由於考慮了花園式環境，增加了綠地和公園面積，霍華德的田園城市內人口密度和建築密度顯得低了一些。牯嶺東谷的建築密度控制在15%左右。

Ⅴ）建築設計豐富而有變化。霍華德指出："每所住宅都有寬敞的用地。建築設計手法千變萬化，市政當局對此嚴格控制……又鼓勵獨具匠心，充分反映各人的興趣愛好。"這也是牯嶺市鎮風貌的真實寫照。

Ⅵ）城市型組合。雖具鄉村特色，但住宅和公共建築組織緊湊，秩序嚴密，聯繫方便，具有完整的城市功能。

Ⅶ）自治式的城市管理。霍華德設想由托管人和市政議會實施城市管理，并將地租用於公共建設。李德立成立托事部和市政議會進行管理，并將牯嶺建設成了具有先進水平的公用和娛樂設施的市鎮。

Ⅷ）統一的規劃和管理。霍華德指出："重要的是設計和意圖——那就是城市應該作爲一個整體來規劃。"牯嶺從公元1898年就制訂有嚴密的規劃，有專人負責執行和管理，有嚴格的制度來保證規劃的貫徹。

Ⅸ）牯嶺規劃既具有美國城市的簡單、明確、方格式的土地分劃與道路，又具有英國和中國城市接近自然的風韻。

牯嶺規劃與《明日的田園城市》一書在許多主要問題上極爲一致。當《明日的田園城市》一書剛剛寫成和一種新的社會理想剛剛問世時，一個充滿生機的花園式山林城市卻在東方古老土地上應運而生。由於這一規劃的預見性和正確性，導致了廬山牯嶺的興旺發達，成爲中國走向現代化的一個有益的借鑒。牯嶺是歷史上最早的"花園城市"的典型。

(2) 中國最早在"風景建築"理論和"國家公園"思想影響下形成的由國家管理的風景名勝區

美國風景建築學家奧姆斯特德（Frederck Olmsted）在公元 1858 年提出"風景建築學"（Landscape Architecture）的概念，并在公元 1868 年提出芝加哥濱河郊區住宅村規劃。芝加哥濱河郊區住宅村與牯嶺相比，在以下幾點極爲一致：Ⅰ）沿河的帶狀公園，構成該地區的中心。Ⅱ）別墅與風景融爲一體，房屋掩映在樹林中。Ⅲ）曲綫狀的道路系統。Ⅳ）方格網式的土地分劃。Ⅴ）建築以公共活動爲中心。

廬山牯嶺的早期規劃中體現了把鄉村生活和城市文化相結合的浪漫主義思想。這與奧姆斯特德的主張不謀而合："在城市中要有大片開敞空間作爲公園。""盡力不去改變場地，對場地和環境特別重視。風景園林要獲得自然美。"儘管牯嶺與芝加哥濱河郊區住宅村有着不同的特點，但却有着相同的構思和手法(註九)。在牯嶺市鎮議會中，有三位美國學者爲其成員，如庫普費爾（Carl Kupful）。牯嶺規劃受美國規劃思想的影響是不言而喻的。

公元 1926 年，當時的中央政府設立廬山管理局。《廬山管理局組織規程》明確規定：廬山管理局管理"本局一切行政事務"，"管理廬山各山地風景名勝事宜"，明確了管理範圍爲"以廬山各山地爲範圍"（註一〇）。

公元 1936 年，廬山植物園主任、植物學家秦仁昌提出《保護廬山森林意見》，爲中央政府採納，并作爲廬山森林保護的政策，使廬山的森林和生態得到嚴格的保護。

同年，當時的中央政府收回牯嶺的外國人租借地。據《廬山續志稿》記載："牯嶺租借地收回後，中央甚爲滿意，經決定每年撥十萬圓爲廬山事業費，以從事建設。并由省政府擬具，就收回租借地之地，建立大規模之國家公園計劃。"這是我國最早見於記載的"國家公園"稱謂和國家計劃。

不僅有"國家公園"的計劃，而且成立了專門的管理機構，明確了管理風景名勝的職責，制定了保護森林的政策。因此可以認定，廬山是中國第一座由國家管理的風景名勝區。

(3) 中國古代"桃花源"意境同西方近代園林規劃思想結合的先例

利用山間谷地的自然景觀形成沿河公園，并作爲居民聚落的中心空間，達到幽深曲折的境界，成爲理想的居住聚落。其早期萌芽可以追溯到東晉陶淵明嚮往的"桃花源"。"桃花源"的原型之一是"廬山壠"。"廬山壠"是一條 7 公里長的山谷，溪水九曲十八彎，一派山野田園風光。河邊山谷中，有梯田農舍，"阡陌交通，屋舍儼然"，"鷄犬之聲相聞，老死不相往來"。漫步廬山東谷，溪水彎彎。

自然的山林環境襯托房屋道路，鄉村般的氣息裹彌漫着現代化的繁華，仿佛是异國他鄉，又仿佛是人間仙境“桃花源”。文化和自然的結合，鄉村與城市的交融。公園般的“鄉村共和國”，正是走向未來的一種模式，一種滲透着中華民族精神的理想家園。公元19世紀後期至20世紀初葉，許多國家的學者進行“花園城市”的探索，創建“國家公園”。在這場席卷全球的“現代運動”的最初探索中，廬山是一個成功的先例，閃爍着現代文明的光輝。

四 別墅建築評述

1 別墅建築概況

公元1891年，廬山北麓蓮花洞出現第一幢別墅。公元1899年，廬山牯嶺的整體建設已初具規模，長衝地區煥然一新，別墅、公用設施如雨後春笋般建立起來。公元1931年，據廬山管理局統計，東谷等地共有別墅房屋五百二十六棟，其他地區中國人建別墅房屋二百六十二棟，合計七百八十八棟，另有商店八十六家。公元1933年，東谷、河南路等處有別墅房屋五百二十六棟，其他地區（包括廬林）有別墅房屋七百一十三棟，共有一千二百三十九棟。公元1937年1月1日，中國政府收回租借地。公元1939年2月，日軍入侵，廬山淪陷，建築受到嚴重破壞，別墅住宅全毀二百二十棟，嚴重破壞二百六十棟，森林毀壞十多萬株。公元1945年8月，廬山光復，但此後廬山百業凋零，市面蕭條。公元1949年5月18日，廬山解放，迎來東方黎明，重新走向繁榮昌盛。

2 近代建築分期

牯嶺近代建築可分爲三個時期，即早期、繁榮期和衰落期。

（1）早期（公元1863~1905年）

牯嶺近代建築始於法國天主教士在蓮花洞建設避暑別墅和教堂。公元1905年，完成（或擴大）牯嶺規劃。牯嶺避暑地初具規模。

（2）繁榮期（公元1905~1938年）

在牯嶺範圍內開始全面建設。英、美、德、法等二十二個歐美國家的居住者建設了具有不同風格的別墅一千餘幢。牯嶺成爲國際著名的避暑勝地和中國“夏都”。

公元1934年至1938年，受當時“中國固有建築形式”思潮的影響，在東谷建設了廬山圖書館、廬山大禮堂和傳習學舍，反映了中西建築文化相互交融的特點。

（3）衰落期（公元1939~1949年）

抗日戰爭時期，日本侵略者給廬山造成了極大的破壞，四百多幢別墅和房屋受到毀壞。光復之後雖然有所恢復，終究沒有走出衰落的陰影。所謂“安之則來，萬國視之樂土；不安則去，一旦可爲邱墟”。

解放以後，別墅建築得到全面保護。公元20世紀50年代至60年代，盧山成爲著名的休療養勝地。公元20世紀70年代後期，旅游業全面發展，盧山別墅煥發了新的生機。

3 近代建築分類

（1）公共建築

公共建築包括文化教育科研建築、醫療建築、旅館建築、體育娛樂建築、行政建築和商業建築等。

Ⅰ）行政建築。有建於公元1896年的大英執事會辦公樓、市政廳、地產公事房和建於公元1937年的盧山大禮堂。

Ⅱ）文化教育科研建築。文化建築如國際圖書館、盧山圖書館等。中外人士重視教育，辦學成風。中國人辦的有盧山小學、盧山中學、盧山鄉村小學校、省立林業學校和傳習學舍。外國人辦的有美國學校、法國學校和聖道學校。科研建築有盧山植物園。

Ⅲ）宗教建築。外國宗教建築有協和教堂、基督教堂、天主教堂、原美國昇天教堂、原挪威福音教堂和清真寺。中國宗教建築有東林寺、九峰寺、海會寺、黃龍寺、諾那塔、小天池寺、老君殿（仙人洞）和玄妙觀等。

Ⅳ）醫療建築。醫院有普仁醫院、協和醫院和美國教會醫院。療養院有肺病療養院和西人養病所。

Ⅴ）旅館建築。外國人辦的有仙巖飯店。中國人辦的有胡金芳飯店和雲天飯店等。

Ⅵ）體育娛樂建築。有市政廳附設的影劇院、盧林游泳池、網球場和兒童娛樂場等。

Ⅶ）商業建築。有郵局大樓、照相館和商店一百餘家。

Ⅷ）工業建築。有盧山電燈廠和盧山自來水廠等。

（2）別墅建築

盧山有英、美、法、德、俄、瑞典、瑞士等二十二個國家的別墅，現存有十八個國家的別墅。盧山近代別墅的主要形式是歐洲鄉村式別墅。它們與山林、河流結合，依山就勢，着重環境設計，建築與自然結合成爲風景景觀。整個東谷地區成爲一處優雅自然的風景園林。別墅群造型別致，做法多樣，體現了不同國家的風格，展現了“多元共存”、“列國并立”和“桃花源”的社會理想。別墅建築造型樸素無華，運用當地原始的石材、木材，體量小巧，創造了野趣天成的特點。別墅建築一般是券廊式、亭式和古堡式等，寬敞的外向的走廊對於中國傳統內向的封閉的空間帶來強烈的反差。屋面顏色豐富，紅色的、綠色的、灰色的屋頂點綴在浮蒼滴翠的森林之中，反映了西方建築活躍和變化的特點，形成對傳統建築的衝擊，得到了中國百姓和偉人們一致的喜愛。

Ⅰ）原英國別墅。有建於公元1903年的美廬別墅和原英國喬治五世別墅（現中三路2號）、原英國阿達姆斯別墅（現河東路175號）以及河西路原李德立別墅（現河西路86號）等。

Ⅱ）原美國別墅。有建於公元1921年的原美國雷魁爾別墅（現普林路30號）、原美國威廉姆斯別墅（現中八路359號）、原美國柯奇南別墅（現中四路9號）和原美國庫普費爾別墅（現中八路5號）等。

Ⅲ）原瑞典別墅。有建於公元1924年的613號教會別墅、367號教會別墅（現中九路8號）和256號原卡爾別墅（現河西路25號）等。

Ⅳ）原德國別墅。有建於公元1923年的文德別墅（現河西路27號）和建於公元1920年的卡斯特魯別墅（現中九路29號）。

Ⅴ）原俄羅斯、芬蘭和挪威別墅。有建於公元1919年的原俄國亞洲銀行別墅（現柏樹路124號）和建於公元1903年的芬蘭別墅（現河東路9號）以及529號芬蘭教會別墅等。

Ⅵ）中國別墅。有建於公元1929年的朱植圃別墅（現大林路102號）和吳鼎昌別墅（現環山路37號）等。

4 廬山別墅建築的特點及風格

廬山的近代別墅建築，採取的主要是歐洲鄉村建築形式。當它們落腳在廬山的山水之間，與牯嶺的自然環境結緣，與中國當地工人的工藝結合，與東方文化融合時，就形成了獨有的特點和風格。

（1）因山就勢，與自然環境有機結合。別墅建築大多建在山間坡地上。別墅建設很少改變地形，隨高就低，基本保持地形地貌。別墅旁邊保持原有的山坡坡地，斜坡草地成爲廬山別墅園林的特色之一。由於地勢不同，造成別墅不同的布局和不同的入口。很多入口比較隱蔽，祇有進入庭院纔能瞥見建築的豐姿。在建設過程中，盡量保留原有的山林樹木，造成幽靜的綠化環境。一百多年來，幾經變遷，但是林木森森，鳥語花香，生態環境十分迷人，構成一幅可持續發展的圖景。別墅的尺度小巧，比例適當，多爲一層至二層，極少三層，面積以100～300平方米爲主，造型樸素生動，與山峰、坡地、森林、河流和諧協調。水面倒映着蒼山，綠樹環繞着紅樓。這使人們想起美國建築師賴特的有機建築理論。他說有機建築就是"自然的建築"，"房屋應當像植物一樣，是地面上一個基本的和諧的要素，從屬於自然環境，從地裏長出來，迎着太陽"（註一一）。當現代化、工業化鋪天蓋地而來的時候，廬山山林之中的別墅却充滿了田園詩般的浪漫主義色彩，把人們帶到另一個理想境界。這是一條通往未來世界的道路。它沒有工業化城市化的喧囂，却有着"桃花源"的意境。

（2）具有豐富多彩、多元共存的建築風格。現存的六百餘幢別墅建築，由十八個國家的業主共同建造。不同的風格共處在一條山谷中，許多國家的建築彼此相鄰，造型豐富，互補相容，成爲一個世界性的別墅博物館和名副其實的世界村。

英國的別墅以券廊式居多，有寬敞的拱券迴廊、帶有拱券的門窗、精緻的木結構、粗獷的石頭牆體和紅色的鐵瓦屋面。這種英國式鄉村別墅，構成了廬山近代建築的主調。例如，美廬別墅原爲英國西·雷諾斯勛爵建於公元1903年，後轉讓給宋美齡，有着寬大通透式的外廊和寬敞的陽臺，屋面點綴着老虎窗和石煙囪。別墅帶有6000餘平方米的庭園，保持着天然的斜坡地，生長着廬山的鄉土樹種玉蘭、厚樸、銀杏和金錢松等，枝繁葉茂，石墙上爬滿了美國凌霄，山石間流淌着汩汩泉水。既是英國自然式園林布局，又具有鄉土風韻。

美國別墅建築類似英國別墅建築，但構圖簡潔大方，造型別致，古樸自然。原雷魁爾別墅，入口爲石柱支撑的穹頂，形成敞開式門廳，在廬山的別墅中頗具特色。週邊爲封閉式外廊，長方形的門窗有別於英國別墅的拱券式構圖。石雕煙囪和木製門窗及外廊等製作精細，富有裝飾性，形成生動的立面。別墅立於山石和松林之間，平臺上種植草坪和花卉，表現了建築與自然環境的協調，有花園別墅的氣息。

德國別墅的建築造型較爲自由，立面布置不對稱，屋頂多有閣樓和老虎窗，木構架的外廊很有裝飾效果，屋面的組合多數以尖頂爲構圖中心，顯得活潑和有力量。原德國文德別墅有拱券式的木外廊和六角形的屋頂，與粗獷自然的石墙結合在一起，顯得活潑而親切。

瑞典別墅分爲兩種類型。一類爲對稱式布局，石墙面用材規整，屋面整齊，裝飾意味重。另一類則布局靈活，不講究對稱，屋面組合自由，石材粗獷，不注重裝飾。其中613號別墅的屋面組合自由靈活，四坡屋頂爲主，有較陡的斜屋面，窗户分布不對稱，大小不一。

俄羅斯別墅中的124號別墅爲俄國亞洲銀行別墅。別墅構圖簡潔大方，層次分明，錯落的四坡屋面顯得既協調又豐富，體形組合既有條理而又對稱，老虎窗、石煙囪豐富了屋面。

（3）眾多的別墅形成豐富的群體，構成中西融合的文化景觀。六百多幢建築分布在東谷、牯牛嶺和如琴湖畔。它與歷史上形成的道路、小橋及樹林等自然環境結合在一起，形成一幅歷史的畫卷，彌漫着歷史的厚重感，表現了一種群體美和整體美。單獨的一幢建築可能并不華麗，但是它的組合却是動人心弦的交響樂和流暢的詩篇。不同的屋頂、不同的顏色、十八個國家的不同風格集合在一起，共同組成中國儒家理想中的世界大同奇觀。

（4）別墅建築樸素、大方和節制。廬山別墅建築的造型和立面不像沿海城市那樣典雅和華麗，而是樸素、自然、粗獷和厚重，外形簡潔大方，沒有太多的雕飾。它繼承了歐洲鄉村建築的樸素特點，也繼承了廬山自唐代白居易以來的樸實無華的傳統，用簡單原始的當地材料構築風景建築。廬山別墅尺度小巧，使用石頭、木材等當地材料，佔地小，對自然表現出謙遜的態度。德國建築專家貝歇爾說：“廬山是安靜的地方，內省的地方。他們（指歷史上過去的人物）樸素、節制，他們懂得大自然的敏感性。”（註一二）廬山的建築美如同它的自然美一樣，不那麼引人矚目，卻有豐富的文化內涵和厚重的歷史底蘊。許多人不知道怎樣去欣賞它，詩人、學者和政治家卻對它情有獨鍾，流連忘返。它像“被褐而懷玉”的聖人和大智若愚的高士。這樣的美，纔是人們真正的追求。

（5）採用地方建築材料和鄉土樹種，形成地方鄉土特色。別墅的墙體採用當地的石頭，有的是毛石，或稍事加工。有的屋瓦是當地的青石板瓦。週圍的環境用鄉土樹種（主要是鄉土觀賞樹種）進行園林綠化。歐洲式的鄉村建築使用當地有特色的建築材料石頭和鄉土樹木，還有木製的門窗。一派洋風，一片鄉情。廬山的石頭、廬山的樹與廬山別墅化爲一體。無怪乎聯合國專家德·席爾瓦考察廬山世界遺產時說：“廬山別墅是中國人自己創造的。”

（6）屋瓦顏色鮮艷，充滿浪漫色彩。別墅像寶石一樣隨意地灑落在天然公園的綠蔭花叢之中。別墅的顏色與森林的斑斕相映生輝。耀眼的紅色、鮮艷的綠色、寧靜的藍色在屋頂上飄蕩，組成一個彩色世界。凝重的石板瓦則顯示大自然的本色。按照中國園林的規劃原則“山看脚，屋看頂”，設計師賦予屋頂鮮艷的色彩，表達了浪漫的情懷。建築色彩主要受美國早期現代建築派和德國表現派的影響，運用強烈鮮明的顏色對比，創造富有活力與流動感的藝術效果，同時重視天然與人工材料的本色，與環境設計密切結合起來。這種注重視覺藝術的建築色彩，與傳統的色彩運用有很大的差異，形成對傳統文化的衝擊。

（7）尺度、比例的合理利用。廬山別墅尺度宜人。無論是外部尺寸，還是內部空間都以人爲本，合適得體。無論是英國王室別墅（現中三路2號），還是中國統治者的房屋（美廬別墅），抑或是其他平民住宅，都顯得小巧樸素，體現出天然清淡的情趣和富有涵養的風度。如“美廬”，面積990平方米，有兩層，廳室不大，樓梯不寬，不突出、不奢華，卻深得蔣介石、毛澤東的喜愛。廬山近代建築以小勝大，以質勝文，於此可見一斑。而在比例運用中，大多採用黃金比例，也有採用幾何比例，使建築顯得典雅，有古典遺風。如位於柏樹路的海關別墅（現柏樹路5號），建築面積251平方米，北立面屋面高度與房高之比爲0.607，西立面總高度與墙身高度之比爲0.6，東立面屋面與煙囱之比爲0.382，均接近或等於黃金比例，構圖上達到優美和諧的效果。

（8）別墅建築以屋面的組合作爲造型的主要手段。別墅屋面的形式有單坡、兩坡、尖頂、穹頂和平頂等。屋面組合以幾何面與直綫的組合爲主。一系列的平面、折綫、尖角，具有動感、力量和活潑的性格，自由而不散漫，變化而有組織，洋溢着強烈的感情，與中國傳統屋面以柔和優美的曲綫爲主，表現柔曲美，形成強烈的對比。別墅的屋面或者四坡頂，或者兩坡頂，或者幾種形式的組合，但多數以四坡頂爲主。四坡頂屋面在雲壑松竹的環抱中安詳寧靜，構圖和諧典雅。位於牯牛嶺腳下的河西路442號別墅，屋面由兩個四坡頂組成，形式單純洗練，在林木翁郁和綠草如茵的草地上顯得自然清新而安詳。每個看見它的人都覺得熟悉它，喜歡它，好像就是自己的家。將常見的、普通的四坡頂形式處理得人人喜愛和雅俗共賞，毫不讓人覺得千房一面和單調重複，反而覺得百看不厭，充分顯示出設計者深厚的文化修養和藝術功底。兩坡頂屋面的一個例子是建於公元1896年的美國教堂（現中三路283號）。幾個兩坡頂恰當地組織於一體，其中兩個屋面前後錯置，另一個屋面與之相交90度，造成灑脫跌宕的構圖。青灰色的石板瓦屋面與粗獷厚重的毛石牆組合在一起，像從地底下長出的山巖一般，在細長虯曲的幾株蒼松簇擁下，顯得古樸凝重，壓抑着人們的靈魂，具有一種內省和向上的力量。

　　廬山別墅屋面的另一個突出特點，是許多別墅都有富有生氣的尖頂。尖頂是歐洲民間建築的特色之一。尖頂的平面有正方形、六邊形、八邊形和圓形。尖頂與屋面組合在一起，形成生動而富有變化的輪廓線。尖尖的頂在幽靜的山林裏，三三兩兩地挺立着，洋溢着生氣和歡樂。在一幢別墅屋面中，有一個尖頂的，也有兩個、三個甚至四個尖頂的。尖頂的幾何位置有處於中心位置，也有自由布置在一隅。尖頂或高高地聳立在屋面之上，或與屋脊線相平，形成不同意味的構圖。有的尖頂變化爲中國古典亭式，四角翹起的亭式與四坡屋面組合在一起，顯得既新鮮又和諧。

　　(9) 建築設計手法豐富多彩，既有統一和諧的格調，又個性鮮明。根據不同的地形和不同的用途，大多採用比較自由而不對稱的布局，屋面則採用不同形式的組合，房屋的造型千姿百態。入口的設計常常很巧妙，與自然環境結合在一起，有的隱蔽，有的鮮明突出。它擺脫了城市別墅的設計手法，離開了希臘、羅馬的典型傳統形式，沒有柱式，沒有哥特式，顯現出鄉村自然的特點，表現出活潑而生動的性格。粗礪的石塊、木結構的拱式外廊、樸素的木質百頁窗、小小的閣樓、高高的石煙囪和長長的老虎窗，這些作爲造型因素的建築構件隨手拈來，匠心獨運，充滿着自由浪漫的氣息。設計者寓高雅於古拙，融靈活於簡樸，離經典而返大道，和諧而有變化。這樣的設計，可謂藝術家的創造。

　　(10) 建築與自然式庭院的結合。別墅庭院採用自然式布局，基本保持原有地形地貌，保護原有的樹林和樹木，重視原有的自然之美，充分利用自然特徵。在園林設計手法上，斜坡、疏林、草地是其特點之一。平緩的或有些陡峭的山谷斜坡地上，生長着高大的樹木和寬寬的草地，有的還有潺潺的流水，平臥着圓圓的巨石。樹是鄉土的樹，花是山間的野花。英國式自然園林而又處處滲透着廬山泥土花草的芳香。採用鄉土觀賞樹木，好像回歸到桃花源。建築與自然環境協調，樹高屋低，"綠肥紅瘦"，藏而不露。

五　廬山別墅建築的世界文化遺產價值

　　廬山別墅建築是廬山作爲世界文化景觀，列入世界遺產名錄的主要內容。在廬山申報世界遺產和考察的過程中，它曾受到聯合國專家的高度評價。聯合國專家德·席爾瓦在考察時說："我最喜歡廬山的建築布局，有那麼美麗的自然作爲背景，錯落有致，保留了原來的風貌。"公元1996年，世界遺產委員會根據文化遺產遴選標準C（Ⅱ）（Ⅲ）（Ⅳ）（Ⅵ）項，將廬山列入世界遺產名錄。這四條標準的具體內容如下：（Ⅱ）能在一定時期或世界某一文化區域內，對建築藝術、紀念物藝術、城鎮規劃或景觀設計方面的發展發生過重大影響；（Ⅲ）能爲一種已消逝的文明或文化傳統提供一種獨特的至少是特殊的見證；（Ⅳ）可作爲一種建築或建築群或景觀的傑出範例，展示出人類歷史上一個（或幾個）重要階段；（Ⅵ）與具有特殊普遍意義的時間或現行傳統或思想、信仰、文學藝術作品有直接或實質的聯繫（註一三）。

　　廬山近代別墅建築是我國文化遺產的寶貴部分，也是世界文化遺產的組成部分，具有重要的世界文化遺產價值。概括以上幾章的敘述，主要表現在以下幾方面：

　　（1）廬山近代別墅建築及其形成的文化景觀，代表了近代中西方文化交融和發展的大趨勢。胡適在公元1928年考察游歷廬山後指出："牯嶺，代表西方文化侵入中國的大趨勢。"（註一四）

　　廬山近代別墅的形成和發展以及在此基礎上形成的牯嶺，受英國空想社會主義影響，與霍華德所寫的《明日的田園城市》一書同時出現，表現出花園城市的基本特徵，是一個具有世界意義的最早實踐的典型範例。當花園城市理論剛剛出現時，同時出現了花園城市的規劃與建設成功的實例。

　　廬山近代建築所表現的文化影響，深刻地表現出中國古代儒家的傳統理想和中國改良主義政治家康有爲"列國并治，大同世界"的理想境界。借助於儒家復古的理想，人們看到新世紀的曙光現實地存在於廬山牯嶺的別墅管理模式之中。十八個國家不同風格的建築融合在一處，共同管理，形成名副其實的"世界村"。這在世界近代史上是一種非常獨特的文化現象。

　　廬山別墅群的建設嚴格地依照規劃。這一規劃採用了當時先進的理論和技術，是現代規劃科學的先聲。有學者指出："霍華德的書導致城鄉規劃專業的建立。"與之同時出現的牯嶺規劃及其規劃的實現，說明了牯嶺規劃在歷史上的重要地位。

　　由於近代別墅群形成的文化景觀，牯嶺成爲中國"夏都"。廬山成爲中國第一個國家公園和最早的風景名勝區。在公元19世紀末和20世紀初，人們進行"現代運動"的探索中，花園城市和國家公園是兩個重大主題，廬山堪稱成功的典型。

（2）廬山的近代別墅群，由於其生動多彩的形式和豐富的中西融合的文化內涵，成爲這類建築中間極富特色的例證。這一類型的發展，代表了文化、社會、藝術和技術的高度成就。既自然樸素，又充滿浪漫色彩。多種風格共存的別墅設計，將別墅文化推進到更高的理想境界。歷史上，別墅僅爲貴族所有，如今已成爲大多數人嚮往的居住形式，成爲現代建築中最具文化品位和內涵的一族。

（3）人與自然共同的天才傑作。廬山的別墅建築群與自然環境融爲一體，和諧統一。別墅像隨意灑落在森林之間的珍珠，既有城市化的現代生活，又有鄉村般的環境。尊重自然，既體現了中國傳統的"天人合一"，又體現了西方"回歸自然"的理想。它體現了一種新的文化、新的思想。建築樸素、節制，又充滿了靈感。將河流、山林、山坡和巖石，作爲規劃布局的重要因素，作爲基本骨架。"天地爲爐兮，萬物爲銅。陰陽爲炭兮，造化爲工"。沒有雕飾，沒有亭臺樓閣，以自然特色爲主，以建築爲襯托，使東谷地區至今風韻猶存。廬山近代建築的奇跡之一，是隨着建築和市區的繁榮，森林、水源、鳥類不僅未見減少，反而更加茂盛，更加欣欣向榮。森林增長，鳥兒歌唱，一百多年長盛不衰，是可持續發展的典型。

（4）中國近代歷史的縮影。廬山的近代別墅與中國近代歷史上的重大事件和中外歷史人物有着密切聯繫，是中國近代歷史和中外文化交流的重要見證。歷史像戲劇一樣，政治家、詩人、學者以廬山別墅爲舞臺，上演出一幕又一幕的悲喜劇。美國作家賽珍珠在中四路12號別墅寫下了《大地》，創作了富有智慧和道德的中國農民阿蘭的形象，使美國人民眼睛一亮，化爲中美友好的橋梁。著名詩人徐志摩吟出激越高亢的《廬山石工歌》，讓廬山重現詩山的光彩。中國共産黨人在東谷的仙巖飯店召開會議，引來"八一"南昌起義的隆隆炮聲。曾經想"曲綫救國"的蔣介石，在廬山牯嶺圖書館發表了氣壯山河的抗日宣言。馬歇爾八上廬山，唱出了舊中國最後的挽歌。

註　釋

一　廬山天主教堂《建築牯嶺天主堂捐册》。
二　吳宗慈《廬山志》上册第 90 頁，江西人民出版社 1996 年版。
三　中國社會科學院近代史研究所編《近代來華外國人名辭典》第 289 頁，中國社會科學出版社 1981 年版。
四　高勞《革命成功記》，引自《東方雜志》第八卷第 10 號（1912 年）。
五　吳宗慈《廬山續志稿》第 12 頁，九江縣印刷廠 1992 年印刷。

六　李德立《牯嶺開辟記》，1899 年版。轉引自《廬山風景建築藝術》第 228 頁，江西美術出版社 1996 年版。

七　霍華德《明日的田園城市》中譯本第 70—73 頁，中國城市規劃設計研究院情報所編印。

八　周鑾書《廬山史話》第 123—124 頁，江西人民出版社 1996 年版。

九　劉忠敏《美國風景建築學的發展建築師》35 期第 69—70 頁。

一〇　吳宗慈《廬山續志稿》第 170 頁、第 176 頁、第 183 頁，九江縣印刷廠 1992 年印刷。

一一　同濟大學等編《外國近現代建築史》第 105 頁，中國建築工業出版社 1982 年版。

一二　貝歇爾《廬山的鞭策》，廬山建築學會編《廬山風景建築藝術》第 158 頁，江西美術出版社 1996 年版。

一三　劉紅嬰等《世界遺產概論》第 27 頁、第 133 頁，中國旅游出版社 2003 年版。

一四　胡適《廬山游記》第 26 頁，商務印書館 1937 年版。

HISTORICAL AND CULTURAL VALUE OF THE VILLA CONSTRUCTION OF MT.LUSHAN
(ABSTRACT)

OuYang HuaiLong

The villa construction of Mt. Lushan is one of the main parts of her cultural landscape.In 1996,the UN specialists set a highly value on it when they paid a inspection on Mt. Lushan.

Villa of Mt. Lushan has a rich background of both natural beauty and history and culture.Cultural celebrities came to bulid up villa to live in seclusion in Mt. Lushan .They constructed building in the woods and created an ideal realm of very poetic peaceful living.The small houses among woods and brooks became the paradise of poets and hermits.The great calligrapher Wang XiZhi bulit the first villa of Mt. Lushan at the foot of Jinlun Peak.The pastoral poet Tao YuanMing 's house in Land of Peach Blossoms have been longed for by the people. The romantic poet Li Bai set up Libai Thatched Cottage at the foot of Five-old-men Peak . He wrote many well-known poems about Mt. Lushan there. Bai JuYi ,a well-known poet of Tang Dynasty, built a thatched cottage near North Xianglu(Incense Burner)Peak and wrote "the Notes on Lushan Thatched Cottage".The ancient villa of Mt. Lushan is the artistic palace in the history.

The traditional culture is going downhill gradually when the foreign culture getting into China. Mt. Lushan is built into a summer resort and the earliest scenic and historical interest zone and national park .Stone villas are concealed or revealed among brooks and forests. More than six hundred villas of eighteen countries scattered like pearls in the mountain and water as in paradise.

The modern villa of Mt. Lushan have a conspicuous successin planning.They started with a very strict planning. With the centre of nature-styled park and the principle of harmony between man and the nature and the layout of country villa,formed a typical surstainable planning from the end of 18 century to the begging of 19 century.Influenced by utopian socialism idea andwestern modern landscape theory blended with landscape architecture and national park theory and "Land of Peach Blossoms" aritistic concep- tion ,this planning created a culture landscape with Chinese scenic and historic interest region feature and mixture of traditional Chinese and western culture.

Villas of Mt. Lushan are the good examples of villa and landscape architecture and good product of both nature and mankind .It is a picturesque "international village". With rich and varied architecture style ,and landscape layout following the physical feature of the mountain and integrating with natural surroudings, they have a high artistic taste ,simple and easy. The foreingner take them as Land of Peach Blossoms and Chinese take them as the fairy land and exotic atmosphere.The artistic attainments of the villa of Mt. Lushan shake the heart of Chinese,foreigner,greatmen and common people with great power.

Many artists like Zhang DaQian, Fu BaoShi drew well-known painting in the stone houses.Many poets like Xu ZhiMo, Guo MoRuo wrote many well-known poems in the villas.Foreign writers wrote well-known novels there. Chairman Mao ZeDong worked here, Jiang JieShi made the announcement of fighting against the Japanese Invasion.The villas of Mt. Lushan are like histroical books and treasurements which are worthy of exploration,investigation ,and protection.They are the common wealth of the mankind.

彩 色 圖 版

COLOUR PLATES

廬山別墅群

一 廬山長衝開發前的地貌（公元1895年攝，選自公元1921年英文版《歷史性的廬山》）

1. Changchong area of Mt.Lushan before opening up(in 1895)

二　廬山長衝別墅群（公元 1910 年攝，美國 Stanley Cvaig Crawfore 提供）

2. Villas of Changchong area of Mt.Lushan(in 1910)

三 廬山剪刀峽登山道與窰窪街區 （公元1910年攝，美國 Stanley Cvaig Crawfore 提供）

3. Mountain path of jiandao valley and yaowa street in Mt.Lushan(in 1910)

四 從長衝中谷山脊看牯嶺租地（公元1915年攝，選自公元1921年英文版《歷史性的廬山》）

4. Looking kuling leased territory from Changchong mountain ridge(in 1915)

五 從長衝中谷往北看（公元1915年攝，選自公元1921年英文版《歷史性的廬山》）

5. Looking to the north from Changchong middle valley(in 1915)

六 長衝中谷東岸（公元 1915 年攝，選自公元 1921 年英文版《歷史性的廬山》）

6. The east bank of Changchong middle valley(in 1915)

七 長衝協和教堂與林德賽別墅（公元 1915 年攝，選自公元 1921 年英文版《歷史性的廬山》）

7. Church and Lindsay villa of Changchong(in 1915)

八　從莫里斯山往北看（公元 1915 年攝，選自公元 1921 年英文版《歷史性的廬山》）

8. Looking to the north from the Morris mountain(in 1915)

九　公元 20 世紀 20 年代的長衝中路、上中路別墅群

9. Villas of Changchong middle road and up and middle road in 1920s

一〇　公元20世紀20年代的牯牛嶺東、北面別墅群雪景（李英強供稿）

10. East and north villas of Kuniuling with snow in 1920s

一一　公元20世紀20年代的普林路別墅群雪景（李英強供稿）

11. Pulin road villas with snow in 1920s

一二 公元20世紀30年代的廬山別墅群

12. Villas of Mt.Lushan in 1930s

一三 公元20世紀50年代初的河南路別墅群

13. Henan road villas in early 1950s

一四 公元 21 世紀初的廬山窰窪建築群（公元 2002 年攝）

14. Yaowa building group of Mt.Lushan in early 21th century(in 2002)

一五 公元 21 世紀初的廬山長衝中谷別墅群（公元 2002 年攝）

15. Changchong villas of Mt.Lushan in early 21th century(in 2002)

一六 公元 21 世紀初的廬山西谷大林路、慧遠路別墅群（公元 2002 年攝）

16. Dalin road and huiyuan road villas of Mt.Lushan in early 21th century(in 2002)

一七 公元21世紀初的廬山如琴湖南坡別墅群雪景（公元2006年攝）

17. South bank villas of ruqin lake of Mt. Lushan with snow in early 21th century(in 2006)

一八 公元21世紀初的廬山如琴湖北岸別墅群（公元2002年攝）

18. North bank villas of ruqin lake of Mt. Lushan in early 21th century(in 2002)

河東路 175 號

河東路 175 號北立面

一 河東路 175 號

1. No.175 Hedong Road

英租借地時期爲 8A 號。加拿大基督教新教坎那大長老會河南懷慶府教區傳教士、英國人阿達姆斯（J. Limmon S . Adams）建於公元 1897 年，原建築面積 750 平方米，爲石構一層。公元 1924 年，美國基督教北長老會湖南湘潭教區傳教士杜克爾（Fred J.Tooker）購得。公元 1946 年，國民黨勵志社購得。同年，美國駐華大使司徒雷登居此。

公元 1970 年中共中央廬山會議時，中共中央主席毛澤東在此居住。公元 20 世紀 90 年代，江澤民、喬石等黨和國家領導人曾在此下榻。

此別墅於公元 2002 年被列爲全國重點文物保護單位。

柏樹路 124 號

柏樹路 124 號院門石柱

二　柏樹路 124 號
2. No.124 Baishu Road

　　此爲公元 1919 年設在漢口的俄國亞洲銀行購地建造的石構二層的豪華別墅，建築面積爲 599 平方米。公元 1927 年，國民黨江西省政府主席朱培德購得。公元 1938 年，此別墅成爲堅守廬山抗戰的江西省保安團的指揮部。江西保安處副處長蔣經國來廬山慰問堅守孤軍時居此。

　　公元 1959 年、1961 年中共中央廬山會議期間，中共中央副主席、中華人民共和國主席劉少奇在此下榻。公元 1963 年，中共中央政治局委員、國務院副總理陳毅亦下榻於此。現歸廬山旅游總公司下屬的牯嶺飯店管理使用。

　　此別墅於公元 1996 年被列爲全國重點文物保護單位。

柏樹路 124 號正門

柏樹路 124 號西南面

河西路442號

三　河西路442號

3. No.442 Hexi Road

　　公元1919年，由美國中華聖公會武昌教區主教舒曼（Sherman Arthur M.）建造，爲石木結構一層，建築面積約336平方米。公元20世紀30年代，由英國亞細亞石油公司的總裁德國人吳本馥購得。公元1946年，國民黨勵志社接管。公元1947年7月至9月，美國總統特使馬歇爾上盧山時在此下榻。

　　公元1961年中共中央盧山會議期間，中共中央副主席、國務院總理周恩來及夫人鄧穎超在此下榻。

　　此別墅於公元1996年被列爲全國重點文物保護單位，同年被開闢爲周恩來紀念室。

河西路442號東立面

河西路442號南立面（局部）

中八路359號

中八路359號西立面的門窗

中八路359號院內露天游泳池

四　中八路 359 號

4. No.359 Middle Eight Road

　　公元 1902 年，美國基督教北長老會南京教區主教威廉姆斯·約翰·伊萊亞斯（Williams John Eians）購地建造，建築面積 856 平方米，爲石構二層。公元 1932 年，時任國民黨江西省主席熊式輝購得此別墅，并於公元 1933 年 7 月在主樓前面新建一個露天的游泳池。公元 1933 年 9 月，蔣介石在此別墅召開過國民黨中央會議，確定對日妥協的方針。

　　公元 1959 年、1961 年中共中央盧山會議期間，中共中央副主席、全國人大委員長朱德在此下榻。公元 1970 年中共中央九屆二中全會期間，中共中央常委陳伯達在此下榻。

　　此別墅於公元 1996 年被列爲全國重點文物保護單位。現爲盧山療養院總院接待重要賓客的用房。

中八路 359 號西立面

河東路 176 號

河東路 176 號敞開式外廊

五　河東路 176 號
5. No.176 Hedong Road

　　英租借地時期為9A號。公元1896年，由美國基督教聖公會漢口教區購建，建築面積333平方米，為石木結構一層。公元1946年，國民黨勵志社接管使用。

　　公元1959年中共中央廬山會議時，中共中央政治局委員、國防部長彭德懷與中共中央書記處書記、中國人民解放軍總參謀長黃克誠居此別墅。

　　此別墅於公元1996年被列為全國重點文物保護單位。

六　中四路 11 號
6. No.11 Middle Four Road

英租借地時期爲 78A 號。原爲 286 號。美國基督教北長老會安徽懷遠教區主教柯奇南（James B.Cochran）建於公元 1903 年，爲石構一層，建築面積約 200 平方米。隨後轉爲國民政府教育部駐廬山辦事處。

公元 1961 年中共中央廬山會議期間，中共中央總書記鄧小平居此。公元 1970 年中共中央九屆二中全會期間，中共中央委員、中華人民共和國副主席董必武在此下榻。

公元 2000 年被列爲江西省文物保護單位。

河東路 180 號

河東路 180 號 院内石刻（銘文爲 "美廬。戊子八月，中正題"）

七　河東路 180 號
7. No.180 Hedong Road

　　英租借地時期爲脂紅路 12 號和13號。建於公元1903年以前，業主爲英國西·雷諾斯勛爵。別墅石構二層，主體佔地面積455平方米，建築面積 900 平方米。公元1903年轉給英國人巴莉（Winifred J. Barrie）女士。公元1933年轉讓給宋美齡。同年 8 月，蔣介石夫婦入住，并在別墅西側擴建了一層房屋，用通道、走廊與主體建築連成一體，從此成爲蔣介石的廬山行宮。蔣介石曾多次在此主持召開會議和召見外國使節。公元1948年8月，蔣介石在即將離開大陸前夕，在別墅院內的一塊巨石上題寫了"美廬"二字。

公元1959年、1961年中共中央廬山會議期間，毛澤東在此下榻。公元20世紀80年代初，作爲一處重要的人文景觀對外開放。

此別墅於公元1996年被列爲全國重點文物保護單位。

河東路180號別墅正門石階

河東路180號 北立面

河西路 23 號

河西路 23 號内廳

八 河西路23號
8. No.23 Hexi Road

　　原爲9D號。原名"醫學會堂"(Medical Hall)。公元1910年建成，爲英國漢口和上海的百貨公司所辦。現名盧山基督教堂(小禮拜堂)。別墅佔地面積約200平方米，爲石構一層，附塔樓。民國時期，蔣介石夫婦常來此做禮拜。

　　公元1959年中共中央盧山會議期間，爲中南組會議室。公元20世紀80年代中期恢復爲教堂，基本上保存了原來的風格和式樣。

河西路23號門樓

河西路23號西北面

盧山會議舊址

盧山會議舊址西南面

九 盧山會議舊址
9. Former site of Lushan Conference of CPC

　　現爲河西路504號，是近現代的重要史跡及代表性建築。

　　公元1936年，由國民黨中央黨部建造。原爲盧山大禮堂，佔地面積830平方米。公元1946年，三青團全國第二次會議在這裏召開。

　　解放後改爲盧山人民劇院。公元1959年、1961年、1970年，中共中央三次盧山會議在這裏召開。公元20世紀80年代中期改爲盧山會議舊址紀念館，對外開放。

　　盧山會議舊址爲中國人自行設計和建造的中西合璧式公共建築，是民國時期盧山的三大建築之一。此建築於公元1996年被列爲全國重點文物保護單位。

一○　廬山大厦

10. Lushan Mansion

　　公元1936年，由國民黨中央黨部建造。當時爲火蓮院3號，是國民黨中央黨部傳習學舍，即國民黨的中央黨校。此建築主體佔地面積1800平方米，前半部分四層，連接的后半部爲三層，整體看似六層。公元1937年7月，蔣介石在此主持廬山談話會，宣告全面抗戰的開始。其中的部分代表居此。公元1938年5月，宋美齡在此召集全國婦女抗戰座談會。公元1946年，三青團全國第二次會議在廬山召開，部分代表居此。公元1946年更名爲廬山大厦。

　　此建築於公元1996年被列爲全國重點文物保護單位。

Athletic Field in foreground Lushan Library in Center

河西路 506 號（攝於公元 1935 年，選自公元 1935 年吳宗慈的《廬山歷史文物圖片集》）

河西路 506 號西南面（局部）

—— 河西路 506 號

11. No.506 Hexi Road

　　原爲國民黨中央黨部傳習學舍廬山圖書館。此處原爲火蓮院 2 號，原有佔地面積 1150 平方米。廬山圖書館是廬山東谷第一個由中國人設計和興建的大型建築，於公元 1934 年 8 月開工，公元 1935 年 7 月竣工。公元 1937 年 7 月 17 日，蔣介石在此向出席廬山談話會的代表發表了中國進入全面抗戰的講話。公元 1946 年，三青團全國第二次代表大會的籌備會議及大會的高層會議也多次在此舉行。

　　公元 1972 年至 1985 年，這裏是廬山博物館。公元 1985 年至今，這裏爲廬山大廈管理使用。

河西路 506 號門樓

蘆林 1 號

一二　蘆林 1 號

12. No.1 Lulin Villa

　　原爲毛澤東舊居，由中南建築設計院設計，建成於公元1961年，建築面積3700平方米。主體爲"四合院"式一層石混結構。公元1961年、1970年中共中央蘆山會議期間，毛澤東在此工作和休息。公元1985年，蘆山博物館遷至此處，恢復舊居原貌陳列，并增加有關蘆山地方史方面的陳列，一直對外開放至今。

蘆林 1 號院門

蘆林 1 號別墅全貌

一三　蘆林 7 號

13. No.7 Lulin Villa

　　原爲毛澤東主席的游泳更衣休息室。此建築建成於公元 1961 年，是一層簡易的木板房，建築面積 60 平方米。

河東路 178 號

河東路 178 號敞開式外廊

一四　河東路 178 號

14. No.178 Hedong Road

英租借地時期爲 11A 號。公元1920 年，湖北襄陽的美國教會瑞典基督教行道會主教馬德盛（Matson P.）購得地皮約 1270 平方米，并建成這座石構一層別墅。公元 20 世紀 30年代後期，爲國民政府軍事委員會委員長侍從室購得。

公元 1959 年中共中央盧山會議期間，中共中央政治局委員、全國人大副委員長林伯渠曾在此別墅居住。

河東路 179 號

河東路 179 號東南面

一五　河東路 179 號

15. No.179 Hedong Road

　　英租借地時期爲11B號。原庭院面積約1246平方米。公元1922年，英國人愛德華·尼辛姆 (Edward Nissim) 購建，現在的建築面積約200平方米，爲石構一層。公元1933年8月，國民政府軍事委員會委員長侍從室佔用，兩年後購買。公元1946年至1948年，爲國民黨中樞要員下榻之處。

　　公元1959年中共中央廬山會議期間，中共中央政治局委員、國家副主席董必武居此。公元1970年中共中央九屆二中全會期間，中共中央委員、上海市革命委員會主任王洪文居此。

一六　河東路 177 號

16. No.177 Hedong Road

　　英租借地時期爲 10 號。美國基督教北長老會湖南郴州教區主教洛克（Locke W.T）約建於公元 1907 年，庭院面積約 3000 平方米。公元 1915 年 11 月，轉給常居美國北長老會上海教區的傳教士摩西（Mc. Horm Morse）。

　　公元 1959 年中共中央廬山會議期間，中共中央政治局候補委員、外交部副部長張聞天在此居住。公元 1970 年中共中央廬山會議期間，中共中央政治局委員張春橋居此。

中三路2號

一七　中三路2號

17. No.2 Middle Three Road

　　英租借地時期爲75號。原爲英國駐九江領事館別墅。此建築約建於公元1920年以後，爲石構二層，主體佔地面積約150平方米，副房面積約32平方米，共計182平方米。別墅顯著的特點是中國宮殿式的門樓，主體仍然是歐式的。公元1946年，國民黨勵志社曾將此別墅作爲接待外國使節的居住地。

　　公元1959年、1961年、1970年中共中央廬山會議期間，中共中央副主席陳雲在此下榻。

中三路2號北立面的門樓

中三路2號窗

中路 2 號

中路 2 號東立面

一八　中路 2 號

18. No.2 Middle Road

　　英租借地時期爲59A號。原主爲德國人克拉貝，建於公元1905年以前，主體建築面積約爲190平方米。

　　公元1959年、1961年中共中央盧山會議期間，中共中央政治局委員、全國人大副委員長林伯渠下榻於此。公元1965年夏，全國人大副委員長、著名文學家興歷史學家郭沫若居此。公元1970年中共中央盧山會議期間，中共中央政治局委員、全國人大委員長朱德下榻於此。

一九 中九路 3 號
19. No.3 Middle Nine Road

英租借地時期爲 154 號。原爲美國別墅。此別墅約建於公元 1915 年前後，爲石構一層，建築面積約 260 平方米，外廊設計獨特。

解放後收歸國有。公元 1959 年 7 月 25 日至 8 月 1 日，越南勞動黨主席、越南民主共和國主席胡志明在此下榻。這是廬山惟一由外國元首居住過的別墅。

中九路 3 號

中九路 3 號敞開式外廊

二〇　中八路 7 號

20. No.7 Middle Eight Road

　　英租借地時期爲 115 號。此建築約建於公元 1902 年前後，爲石構一層，第一任業主爲美國人。

公元 20 世紀 30 年代初轉售長沙海關。

　　公元 1959 年中共中央盧山會議期間，劉伯承元帥在此居住。

二一　中八路1號

21. No.1 Middle Eight Road

　　英租借地時期爲111號。這座石構二層的別墅興建於公元1934年以後,據説是在國民政府軍事委員會任過要職的中將吳恩豫所建。

　　公元1959年中共中央盧山會議期間,林彪元帥下榻於此。

中八路1號

中八路1號西南面

二二　中八路3號

22. No.3 Middle Eight Road

　　英租借地時期爲110A號。這座石構一層的別墅爲美國基督教南長老會江蘇海州教區主教日艾斯（A.D.Rice）的夫人於公元1904年購得地皮，公元1920年轉售英國基督教普利茅斯兄弟會南昌教區傳教士貝爾金（Famnie letita Bergin）小姐，建築面積約166平方米。公元1935年6月轉爲英租借地大英執事會所有。同年底，被廬山管理局接收。

　　公元1970年中共中央九屆二中全會期間，徐向前元帥在此下榻。

中路 12 號

中路 12 號北立面

二三　中路 12 號

23. No.12 Middle Road

　　英租借地時期爲劍橋路73號。原爲"牯嶺公共圖書館"。此別墅建於公元1907年前後，爲一層石構，建築面積約爲300平方米，是由中外七個教會的人員集資捐建的。門楣上的石條上刻有"KULING LIBRARY"字樣。公元1936年以後，改爲廬山警察署中路派出所。

　　公元1970年中共中央九屆二中全會期間，中共中央政治局委員陳錫聯居此。

二四　中二路7號

24. No.7 Middle Two Road

　　公元1901年，美國基督教新教中華聖公會安徽蕪湖教區主教龍德購建，建築面積約218平方米。公元1937年爲國民政府德國軍事顧問寓所。

　　公元1970年中共中央九屆二中全會期間，葉劍英元帥居此。

中八路 5 號

二五　中八路 5 號

25. No.5 Middle Eight Road

英租借地時期為 112 號。公元 1897 年，美國香港上海銀行上海分行購得地皮，公元 1901 年轉售在江西九江、安徽蕪湖等地行醫的美國人哈特，建石構一層別墅。公元 1915 年，常居武昌的美國萊戴·庫普費爾小姐購得這塊面積約 2823 平方米的地皮，拆除了原業主哈特醫生所建別墅，新建了這棟佔地面積為 270 平方米的兩層別墅。公元 1937 年，此別墅成為國民政府鐵道部駐廬山辦事處。

公元 1961 年、1970 年中共中央廬山會議期間，時任中共中央第八屆委員會書記處書記、華北協作區主任和第九屆中央政治局候補委員、河北省委書記李雪峰居此。

中九路9號

二六　中九路9號
26. No.9 Middle Nine Road

　　英租借地時期爲158號。這座別墅約建於公元1915年以後，爲石構一層，原業主爲美國人。公元20世紀30年代中期，國民黨要員程天放購得此美國別墅時，將這片的幾棟別墅取名爲"澄園"。

　　公元1959年、1961年中共中央廬山會議期間，葉劍英元帥居此。公元1970年中共中央九屆二中全會期間，中共中央委員、新疆維吾爾自治區革委會主任賽福鼎居此。

中九路9號門樓

中九路9號客廳

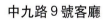

中二路 11 號

中二路 11 號院門石柱石刻

二七　中二路 11 號
27. No.11 Middle Two Road

　　英租借地時期爲72A號。公元1898年，時任清政府總稅務司署管理漢文案稅務司的美國人梅里爾（Merril lH.F.）購得面積約2300平方米的72號地皮，建造了石構二層的別墅一棟，佔地面積240平方米。公元1920年售給常居九江的美國人奧格波恩‧梅里爾(Ogborn Merrill)姐妹。公元1931年售給時任中央陸軍軍官學校教育長兼教導第三師師長的張治中。

　　公元1959年中共中央廬山會議期間，中共中央政治局委員、中央書記處書記、國務院副總理兼財政部長李先念居此。公元1971年夏秋，中共中央委員王震居此。

中二路11號
北立面（局部）

中二路11號東立面

二八　河西路70號
28. No.70 Hexi Road

英租借地時期爲46號。此建築大約似在公元1897年由英國西·雷諾斯勛爵建造的。公元1906年11月，巴莉女士將此別墅購入，創辦了英國聖經醫院(Bible Hospital)。原爲二層石構，内結構爲公寓式。公元20世紀60年代初期，加建成三層，主樓及西樓、北樓佔地面積約600平方米。現爲廬山賓館主樓。

公元1959年中共中央廬山會議期間和公元1970年中共中央九屆二中全會期間，中共中央副主席、國務院總理周恩來居此。公元1959年中共中央廬山會議期間，國務院副總理李富春、中共中央辦公廳主任楊尚昆居此。

河西路70號西餐廳
(公元1959年7月，此處爲中共中央
政治局擴大會議會場。)

河西路70號

二九　中路 31 號

29. No.31 Middle Road

英租借地時期爲88號。原有地皮面積3100平方米。公元1897年，漢口的德國女傳教士艾斯瓦爾特（Doreen Eiswaldt）購建。 公元20世紀30年代初，此處別墅轉售國民政府外交部。公元20世紀50年代以前，這裏的建築已經荒蕪。

公元1964年，在此地皮上新建一棟別墅，建築面積約500平方米，爲石構一層。公元1970年中共中央九屆二中全會期間，中共中央副主席林彪居此。

中路33號

中路33號東北面

三〇　中路33號

30. No.33 Middle Road

　　英租借地時期爲89號。公元1897年，漢口的德國女傳教士艾斯瓦爾特（Doreen Eiswaldt）購得這塊面積達3030平方米的地皮，并建佔地面積約240平方米的石構一層別墅。公元1929年轉售盧山大英執事會的高級職員、德國人李博德（J.H.Lipporte）。約在公元1932年春，國民黨中央執行委員會常務委員、國民政府行政院長汪精衛購得此別墅。公元1947年改建成磚石結構二層，建築面積496平方米。公元1948年8月，國民黨中央監察委員、總統府戰略委員會代主任任雲龍居此。

　　公元1970年中共中央九屆二中全會期間，中共中央政治局委員葉群居此。

三一 中三路6號

31. No.6 Middle Three Road

英租借地時期爲77B號。公元1902年，英國基督教循道會武昌教區主教李春華（J. K. Hill）和另一位傳教士希爾（Helen Leek Hill）購此面積爲1443平方米的地皮，次年興建石構一層別墅一棟。同時期，日本商人吉友次郎在此地皮建造一小巧的別墅，建築面積40平方米，爲木構一層。此建築是廬山早期雨淋板別墅的代表作。公元1936年，國民黨中央監察委員、浙江省保安司令、廣西省綏靖公署主任黃紹竑居此。

中三路 4 號

中三路 4 號院內的錢大鈞題刻（銘文爲"薇碧，慕尹"。"慕尹"爲錢大鈞的字）

三二　中三路 4 號
32. No.4 Middle Three Road

英租借地時期爲 77B 號。公元 1902 年，英國基督教循道會武昌教區主教李春華（J.K.Hill）和另一位傳教士希爾（Helen Leek Hill）購此地皮，次年興建。公元 1923 年轉售漢口的英國基督教循道會主教饒永康。公元 1933 年又轉售他人。

公元 1959 年中共中央廬山會議期間，中共中央委員、中共中央中南局第一書記、廣東省委第一書記陶鑄在此下榻。

三三　河西路 35 號
33. No.35 Hexi Road

英租借地時期爲110號。美國基督教南長老會江蘇海州教區主教日艾斯的夫人於公元1904年購此地皮，興建兩棟別墅。現河西路35號爲其一。此建築爲石木結構一層，建築面積約240平方米。公元1921年，轉給英國基督教內地會四川萬縣教區的美國女傳教士艾瑪（Emma B.Rice）。公元1934年，售給大英執事會的高級職員、傳教士兼建築師甘約翰。後爲大英執事會所購。

公元1961年中共中央廬山會議期間，劉伯承元帥居此。公元1970年，中共中央委員李富春、蔡暢居此。

三四　中路10號
34. No.10 Middle Road

　　英租借地時期爲57A號。公元1908年，由美國基督教新教上帝教會海教區主教希爾曼（Hansen
E.Hillman）購建，爲石構一層，主體建築面積156平方米，連上副房也祇有223平方米。公元1922
年轉售在上海的伊文思公司。公元1933年轉售安德。東立面石墙檐下有英文"EDWARD　EVANS
& SONS"。

　　公元1959年中共中央廬山會議期間，中共中央候補委員、中共江西省委第一書記楊尚奎居此。
公元1961年中共中央廬山會議期間，中共中央候補委員、第八機械工業部部長陳正人居此。

三五　中二路 10 號
35. No.10 Middle Two Road

　　英租借地時期爲60號。公元1893年，美國慕脫洛奇(Mutoloch)、懷龍安(Hwalynan)、歐奇(Orch)三姐妹購得2524平方米的地皮，建了一棟一層石構別墅。公元20世紀50年代，改建爲二層。公元1933年10月，轉售陳誠的夫人譚祥。公元1937年7月中旬，上廬山參加合作抗日談判的中共代表中共中央書記處書記與中央西北軍事委員會副主席周恩來、中共中央組織部部長秦邦憲 (博古) 和中華蘇維埃特區政府主席林伯渠在此別墅下榻。

　　公元1959年中共中央廬山會議期間，中共中央政治局委員、上海市委第一書記柯慶施，中共中央候補委員、江蘇省第一書記江渭清，中共中央候補委員、浙江省委第一書記江華，中共中央候補委員 、福建省委第一書記葉飛居此。

中五路 14 號

三六 中五路 14 號
36. No.14 Middle Five Road

　　原爲英國仙巖飯店主樓。此建築由英國人都約翰在公元1905年前後建造，是廬山最早的一棟三層的磚墻建築，屬英國傳統公寓式別墅。長期以來，此房一直爲接待飯店。公元1926年12月，國民革命政府在此召開"中央政治會議"。公元1927年7月，鮑羅廷、瞿秋白、葉挺、聶榮臻、李立三、張太雷、鄧中夏、林伯渠、彭湃等在此飯店廚房召開南昌起義准備會，仙巖飯店成爲了中國共產黨向以蔣介石爲代表的國民黨反動派打響第一槍的策源地之一。公元1937年6月國共廬山談判時，中共代表周恩來下榻於此。公元1937年7月中旬國共廬山談判時，中共代表周恩來、秦邦憲和林伯渠居此。

中五路 14 號室內走廊

中五路 14 號室內樓梯

中五路 14 號頂部煙囪

三七　中五路3號

37. No.3 Middle Five Road

　　原址爲英國仙巖飯店西主樓，磚石結構三層，歐洲古典風格。原別墅建於公元20世紀初葉，50年代被拆除。新建別墅爲磚石二層，別墅一樓的北端大餐廳是公元1970年中共中央九屆二中全會西北組的會議室。

三八 河西路29號
38. No.29 Hexi Road

英租借地時期爲74號。公元1897年，由英國人在漢口開辦的國際出口公司購地建造，爲石構一層，建築面積731.5平方米。公元1913年轉售給南京的英國"和記洋行"。此後又轉售給俄國人辦的蛋製品厂。公元1946年由國民黨勵志社接管，作爲接待重要客人的客房。公元1947年轉售給李濟深。

公元20世紀50年代以後，此別墅先後爲幼兒園、畫院、盧山管理局文化處使用。現爲國際地質公園和社會經濟發展促進會盧山辦事處以及聯合國教科文組織亞洲世界地質公園盧山辦事處。

中路 25 號北立面拱形窗（窗下爲原有英文 " KULING HOTEL "）

三九　中路 25 號
39. No.25 Middle Road

英租借地時期爲 61 號。公元 1903 年，常居牯嶺的英國基督教新教内地會傳教士古爾斯登 (M.Gulston) 夫人購此地皮，建別墅一棟。同時期，英國莉納·都内 (Lina Dunne Cdeceagedl) 夫人和菲沙查諾 (K. A. Fessazzano) 夫人購得 61B 號地皮，建別墅一棟。公元 1918 年，伊文思購得 61 號地皮，拆除 61B 號別墅，約於公元 1919 年後新建了一棟建築面積約 792 平方米的兩層石構的公寓式別墅，取名爲 "牯嶺飯店" (Kuling Hotel)。公元 1933 年轉售意大利嘉諾撒修道院。公元 1926 年 12 月 4 日至 7 日，廣州國民政府高級顧問、共產國際代表鮑羅廷與國民黨中央執行委員會主席、國民革命軍總司令蔣介石等要員在盧山仙巖飯店下榻，召開國民黨中央政治會議。國民黨中央執行委員會常委兼農民部長林伯渠（中共黨員）與國民革命軍總政治部副主任郭沫若、第三軍黨代表朱克靖、第二軍副黨代表李富春（中共黨員）等上盧山參加或列席會議，并下榻此店。

公元 1959 年中共中央盧山會議期間，水利電力部副部長劉瀾波、李銳居此。公元 1970 年中共中央九屆二中全會期間，中央政治局候補委員汪東興也在此居住。

中路 25 號北立面的門

中路 25 號

河西路 33 號

四〇　河西路 33 號
40. No.33 Hexi Road

　　英租借地時期爲109B號。美國"美以美"教會於公元1896年底購得109號地皮。公元1915年，美國基督教瑞典人行道會主教約翰遜（JohnS．Johnson）轉購得109B號地皮，并建造別墅一棟，佔地面積100平方米，爲石構二層。公元1935年，約翰遜將此別墅轉售給德國人安德。

河西路 33 號西南面

河西路 33 號頂部煙囪

中二路 1 號

中二路 1 號敞開式外廊木拱券

四一　中二路 1 號
41. No.1 Middle Two Road

　　英租借地時期為57C號。此別墅建於公元1898年以後,建築面積約200平方米,為石構一層。公元1922年,由英國伊文思公司購得,命名為竣儀別墅。公元1933年,此別墅轉售給德國人安德。

四二　河西路 38 號
42. No.38 Hexi Road

　　英租借地時期爲39A號。公元1914年，由英國倫敦會漢口教區傳教士坎貝爾(Knott Campbell W.)購建，爲石構二層,建築面積489平方米。公元1929年，售給中國人黃文植。公元1937年6月起，此別墅業主爲國民政府軍事委員會副委員長、國民黨中央執行委員馮玉祥。

四三　中六路9號

43. No.9 Middle Six Road

　　英租借地時期94號大院内的别墅之一,建於公元1905年以後,建築面積270平方米,是石構一層的公寓式别墅。原爲仙巖飯店客房。公元1937年,北京大學文學院院長、"盧山談話會"代表胡適居此。

四四　河西路48號
44. No.48 Hexi Road

　　英租借地時期爲41號。原爲英國基督教内地會別墅，建於公元1904年。這座二層公寓式石構別墅，主樓佔地面積約200平方米，其後原有副房。公元1946年，國民黨勵志社將此別墅供接待外國使節使用。

河西路 27 號

四五　河西路 27 號

45. No.27 Hexi Road

　　英租借地時期爲 55D 號。此別墅建於公元 1923 年，業主原爲常居湖北漢口的德國文德
（J. Wendt）博士，建築面積 161.3 平方米，爲石構一層。公元 20 世紀 30 年代中期，國民
黨中央執行委員、國民政府軍事委員會委員長侍從室第一處處長錢大鈞居此。

河西路 27 號西立面及庭院

四六　河西路 86 號

46. No.86 Hexi Road

　　英租界地時期爲 51 號。公元 1898 年，英國人李德立（Little Edward Selby）建造，建築面積 350 平方米，爲石木結構一層。公元 1928 年轉售給香港人李品求。公元 1933 年，由國民黨中央執行委員、國民政府財政部長孔祥熙購得，并在此舉行了"萬松林詩會"。現爲盧山賓館管理使用。

河西路 86 號

河西路 86 號室內壁爐

河西路 86 號附房

四七　河西路 19 號

47. No.19 Hexi Road

　　英租借地時期爲 9C 號。原爲英、美、瑞典等國協和教堂，由在漢口與武昌的英、美、瑞典等國基督教新教的教會共建。這座建築建於公元 1897 年，爲一層石構，風格含有哥特式建築的某些特徵（如誇張的垂直綫條運用在扶壁等處）。公元 20 世紀 50 年代中期改建爲電影院至今。

中四路 17 號

中四路 17 號北立面及門樓

四八　中四路 17 號

48. No.17 Middle Four Road

英租借地時期爲 79A 號。
原美國中華聖公會會堂，約建
於公元 1919 年。現存建築面積
約 230 平方米，爲石構一層。

中四路 12 號

四九　中四路 12 號
49. No.12 Middle Four Road

　　英租借地時期爲86A號。公元1897年，由美國基督教南長老會江蘇鎮江教區主教賽兆祥購地建造，爲石構一層，建築面積140平方米。其女賽珍珠 (Pearl ,Buck Sydenstricke) 是美國女作家、諾貝爾文學獎獲得者，曾在此居住多年。公元1936年，轉售香港一位銀行家。公元1946年至1947年夏，國民黨中央監察委員、徐州綏靖公署主任薛岳居此。

中四路 12 號室內一角

中四路 12 號敞開式外廊

中三路 12 號

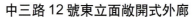

中三路 12 號東立面敞開式外廊

五〇　中三路 12 號
50. No.12 Middle
　　Three Road

　　美國 "美以美" 教會
於公元 1910 年前後建造,
是聖公會教會的會堂, 建
築面積 251 平方米, 爲石
構一層。

　　解放後 爲廬山療養
院。現爲 "老別墅的故事"
景區陳列用房。

五一　中四路281號

51. No.281 Middle Four Road

　　原爲美國中華聖公會別墅。原業主及建造年代不詳。此別墅原來的主立面爲南向，原有敞開式外廊及木拱券爲典型的歐洲内陸別墅風格，爲石構一層。公元20世紀50年代，這座別墅爲江西省廬山療養院所有。現爲"老別墅的故事"景區陳列用房。

中三路 10 號

中三路 10 號內廳

五二　中三路 10 號
52. No.10 Middle Three Road

　　原爲美國耶穌昇天教堂。此建築是廬山現存惟一的也是中國現存惟一的青石瓦屋面、亂石砌墙、具有哥特風韻的基督教教堂。公元 1896 年 11 月底，美國中華聖公會安徽安慶教區從李德立手中購得原 79 號地皮，面積約 2910 平方米。原別墅大概是公元 1897 年建造，公元 1905 年以後被拆除。公元 1910 年前後，在此興建了教堂，佔地面積 578 平方米，東西長約 34 米，南北寬約 17 米，高約 15 米，爲一層石構，平面形狀以 "+" 字爲主體。

　　公元 1959 年、1961 年中共中央廬山會議期間，曾作舞廳使用。毛澤東等領導人常來此參加舞會。現爲 "老別墅的故事" 景區陳列用房。

中三路 10 號門樓

中三路 10 號窗

中三路 10 號窗

五三　中四路9號
53. No.9 Middle Four Road

　　英租借地時期爲78A2號。此建築約建於公元1905年以後，由美國基督教北長老會山東濟南教區主教柯奇南（James B. Cochran）購建，主體建築面積約104平方米，爲石構一層。公元1937年，國民政府教育部駐廬山辦事處購得此房。

中四路 10 號

五四 中四路 10 號
54. No.10 Middle Four Road

英租借地時期爲86C號。庭院面積1348.86平方米。湖北漢口的德國商人貝奇勒 (Euch Bechler) 於公元1924年購得此地皮，約於公元1930年以後興建，石構一層，主體佔地面積約160平方米。於公元1930年轉售美國基督教南長老會江蘇泰州教區主教、德國人鄒斯(Thos L.Harnsberger)。公元1946年，此別墅爲廬山管理局所有。

中三路8號

五五　中三路8號
55. No.8 Middle Three Road

英租借地時期爲77A號。英國基督教内地會山西潞城縣教區主教羅萊（Willams Rowley）於公元1902年購得此地皮，約在公元1903年興建一層石構別墅一棟，亦稱“樂寓”。

現存一層石構別墅爲公元20世紀80年代拆除另建。公元1959年中共中央廬山會議期間，中共中央委員、中央辦公廳主任楊尚昆居此。

中三路 8 號庭院石刻門柱

中三路 8 號石階、木欄及門窗

五六　中四路 13 號

56. No.13 Middle Four Road

　　原美國別墅，位於原美國基督教北長老會山東濟南教區主教柯奇南的別墅院内。此建築建於公
元 1905 年以前，爲磚石結構一層，建築面積約 60 平方米。

五七　中五路7號

57. No.7 Middle Five Road

　　英租借地時期爲87號。美國人建於公元1905年以前，爲石構一層，建築面積158平方米。

中路 16 號

中路 16 號附房

五八　中路 16 號
58. No.16 Middle
　　Road

英租借地時期爲 9 0
號。此爲廬山惟一的丹麥
別墅。丹麥人希斯（De
Hees）姐妹購此地皮，建於
公元 1898 年以後。約在公
元 1933 年，此別墅轉售戴
紫園。戴氏將原 91 號購入，
合併爲一個庭院，命名爲
"紫園"別墅。公元 1937 年，
此別墅成爲國民政府外交
部駐廬山辦事處。公元
1970 年中共中央廬山會議
期間，此處爲部隊組會議室。

中路 16 號全貌

中路 16 號北立面

中五路 5 號

中五路 5 號敞開式外廊

五九　中五路 5 號
59. No.5 Middle Five Road

英租借地時期爲87C號。原德國傳教士鄒斯（Thos L.Harnsberger）興建於公元1930年以後，爲石構一層，建築面積約130平方米。此別墅的界碑上刻有"TLH"，爲原業主姓名的縮寫。

中五路 5 號門

中五路 5 號東立面

中五路 26 號

中五路 26 號青石瓦屋面和老虎窗

六〇　中五路 26 號
60. No.26 Middle Five Road

英租借地時期爲 101A 號。公元 1898 年，挪威基督教信義公理會購此地皮，建此別墅作爲福音教堂，爲石木結構一層，建築面積350平方米。公元1935年轉售中國人。

中五路 26 號院門石柱

中五路 26 號北立面

六一　中六路13號

61. No.13 Middle Six Road

　　英租借地時期爲101號。原爲挪威基督教信義公理會別墅，建於公元1905年以前，爲石構一層，建築面積約200平方米。

六二　中六路28號

62. No.28 Middle Six Road

　　英租借地時期爲119號。原爲挪威基督教信義公理會別墅，建於公元1905年以後，爲石構一層，建築面積181平方米。

中六路24號

中六路24號北立面（局部）

六三　中六路24號
63. No.24 Middle Six Road

　　英租借地時期爲103號。原爲挪威別墅，建於公元1900年前後，建築面積約240平方米。公元20世紀30年代中期出售給中國人。公元1946年8月、9月，國民黨中央常委、三青團書記長、國民政府國防部參謀總長兼海軍總司令陳誠上廬山時居此。

中六路24號屋頂和煙囪

中六路24號室內壁爐

中八路 15 號

中八路 15 號東立面

六四　中八路 15 號
64. No.15 Middle Eight Road

　　英租借地時期爲 116B 號。建於公元 1898 年，建築面積約 180 平方米。原業主爲英國駐中國公使館參贊博克·威廉·内爾索普 (Beauclerk William Nelthorpe)。此是盧山惟一的一棟外國公使的私宅。約在公元 1910 年轉售美國基督教北長老會。公元 20 世紀 30 年代中期轉售他人。

中八路 15 號 "之" 字形石階

中六路 12 號

中六路 12 號敞開式木拱券外廊

六五　中六路 12 號

65. No.12 Middle Six
　　Road

　　英租借地時期爲107A號。
原爲美國"美以美"教會別墅,
建於公元1897年以後,爲石構
一層,建築面積約130平方米。

中六路 12 號木拱券門樓

中六路 8 號

中六路 8 號頂部煙囱

六六　中六路 8 號

66. No.8 Middle Six Road

　　英租借地時期爲 9 號。原爲美國 "美以美" 教會別墅，建於公元 1905 年以後，爲石構一層，建築面積 116 平方米。

中九路 25 號

中九路 25 號東立面

六七　中九路25號
67. No.25 Middle
　　Nine　Road
　　英租借地時期爲
159A 號。原爲美國 "美
以美" 教會主教庫普費
爾 (Kupfer Carl F) 別墅，
建於公元 1914 年，爲兩
層石構。

中八路 9 號

六八　中八路 9 號
68. No.9 Middle Eight Road

　　英租借地時期爲 114 號。此建築爲公寓式別墅，一層石構，建於公元 1905 年以前，有英文石刻"BORRA WOOD"（此爲業主姓名或是別的含義，尚待考證）。公元 20 世紀 30 年代初，它屬於安徽蕪湖海關。

中八路９號東立面

院内石刻（英文爲 "BORRA WOOD"）

六九　中九路 29 號

69. No.29 Middle Nine Road

　　英租借地時期爲 161 號。原爲德國卡斯特魯別墅，建於公元 1920 年，爲一層石構，建築面積約 240 平方米。

中八路18號

中八路18號北立面門樓

七〇 中八路18號
70. No.18 Middle
Eight Road
原爲美國海外基督會
戴莉別墅，建於公元1917
年，爲石構一層。

七一　中九路 23 號

71. No.23 Middle Nine Road

　　英租借地時期爲160號。原爲美國莫其川別墅，位於原美國中華聖公會別墅區内。此建築建於
公元1905年以後，建築面積268平方米，爲石木結構一層。

七二　中九路 19 號
72. No.19 Middle Nine
Road

原美國中華聖公會別墅，建於公元 1911 年，建築面積 110 平方米，爲石構一層。

中九路 19 號

中九路 19 號東北面敞開式外廊

中九路21號

七三　中九路21號

73. No.21 Middle Nine Road

　　英租借地時期爲160A號。美國人建於公元1917年，建築面積約270平方米，爲石構一層。公元20世紀30年代中期，售給國民黨中央監察委員程天放。公元20世紀40年代後期，業主又易。

中九路21號西立面

中九路21號左端敞開式木拱券外廊

中九路 15 號

中九路 15 號門樓

七四 中九路 15 號
74. No.15 Middle Nine Road

英租借地時期爲155號。原美國中華聖公會主教、神學博士、武昌文華大學校長杰克遜·詹姆斯 (Jackson James) 別墅，建於公元1918年，建築面積約180平方米，爲石構一層。公元1937年美國牯嶺學校吳禄貴醫生居此。

七五　中十路20號
75. No.20 Middle Ten Road

　　英租借地時期爲174號。原爲德國柯拉東別墅，建於公元1918年左右，爲兩層石構，主體建築面積約96平方米。

七六　中九路 11 號
76. No.11 Middle Nine Road

英租借地時期爲 157 號。原爲美國別墅，建於公元 1915 年左右，建築面積 340 平方米，爲石構一層。

中九路 11 號

中九路 11 號東北面

七七　中九路 1 號

77. No.1 Middle Nine Road

　　英租借地時期爲 153 號。原爲美國聖公會女修道院，建於公元 20 世紀 20 年代，爲石構一層，建築面積 197 平方米。

中九路8號

中九路8號敞開式木拱券外廊

七八　中九路8號
78. No. 8 Middle Nine Road

原爲中九路367號。瑞典行道會於公元1905年興建，建築面積298平方米，爲石構一層。別墅前臥石上有外文石刻兩條。中部石階側壁上嵌有"夏牧師定川先生盧山紀念勒石"石碑一塊，記載瑞典傳教士夏定川在中國抗日戰爭期間救助中國難民事跡。

公元20世紀50年代劃歸盧山療養院管理使用。現爲接待用房。

中九路 8 號院内石刻（銘文爲 "OLLE 19B35" 和 "I．R．1935"）

中九路 8 號西面外墻上石刻（銘題爲 "夏牧師定川先生廬山紀念勒石"）

中十路3號

七九　中十路3號
79. No.3 Middle Ten Road

　　原爲美國學校主樓，由美國人司密司設計，公元1918年動工，公元1920年竣工，爲磚木結構四層，佔地面積700平方米。公元1922年，美國牯嶺學校遷入。公元1937年，這裏成爲國民黨召開"盧山談話會"時參加會議的代表們的住宿地之一。公元1946年，這裏是三青團"盧山夏令營"的總辦公廳。公元1951年，美國牯嶺學校停辦。

中十路3號屋頂

中十路3號北立面大門及窗

八〇　中十路 7 號

80. No.7 Middle Ten Road

　　英租借地時期爲 170A 號。原爲美國牯嶺學校宿舍樓，公元 1934 年動工，公元 1936 年落成，爲石構五層，佔地面積約 310 平方米。公元 1937 年國民黨召開"廬山談話會"期間，爲代表居住地之一。公元 1946 年三青團夏令營及三青團第二次全國代表大會期間，亦爲代表居住地之一。

八一　中十路 18 號

81. No.18 Middle Ten Road

　　英租借地時期爲 174 號。原爲美國牯嶺學校，建於公元 1920 年前後，爲磚構一層，建築面積 46 平方米。

八二　中十路9號

82. No.9 Middle Ten Road

英租借地時期爲172號。原爲美國聖公會會堂，建於公元1905年，爲石構一層，建築面積230平方米。

公元1970年中共中央廬山會議期間，萬里居此。

中十路 16 號

八三　中十路 16 號

83. No.16 Middle Ten Road

　　英租借地時期爲 173B 號。公元
1905 年以前，美國基督教中華聖公會
南昌教區主教阿莫斯‧嘎達爾德
(Amos Goddard) 購建，爲石構一層。
它的屋面坡度特別平緩，是廬山近代
所建的二十餘國別墅中屋面最平緩的
一棟別墅，與廬山大量陡屋面的英、德
別墅形成較大的反差。

　　公元 1959 年、1961 年中共中央廬
山會議期間，中共中央委員、中南協
作區主任、廣東省委第一書記陶鑄居
此。公元 1970 年中共中央九屆二中全
會期間，中共中央委員、廣州軍區政
委劉興元居此。

中十路 12 號

拱式窗

中十路 12 號頂部老虎窗和壁煙囪

八四　中十路 12 號
84. No.12 Middle Ten Road

　　英租借地時期爲 180 號。別墅包括南面的副房，佔地面積約 190 平方米，爲石構兩層。美國基督教中華聖公會湖南長沙教區主教泰恩（Tyng Walworth）建於公元 1917 年，曾爲美國基督教新教內地會所用。公元 1947 年，江西《力行日報》（廬山版）購得此別墅，并在此辦公。

八五 中十路 13 號

85. No.13 Middle Ten Road

　　英租借地時期爲 166 號。美國中華聖公會上海教區主教、醫學博士斯汝普〔Montgomery Hunt Throop〕建於公元 1913 年，爲一層石構，建築面積 140 平方米。

河西路9號

八六　河西路9號
86. No.9 Hexi Road

　　原30B號是英國"亞細亞石油公司"下屬的"職員建築公司"別墅，建於公元1926年，建築面積256平方米，爲石構一層。公元1946年10月31日，蔣介石在此別墅舉行了六十壽辰宴會。

　　公元1959年、1961年、1970年，此別墅均爲中共中央廬山會議的華東組會場。

河西路 22 號

八七　河西路 22 號

87. No.22 Hexi Road

英租借地時期爲 37A 號。英國傳教士兼建築工程師甘約翰於公元 1905 年以前興建，爲石構一層。公元 1933 年，甘約翰將此別墅售給上海銀行。

公元 1970 年中共中央九屆二中全會期間，中共中央政治局委員、山西省昔陽縣大寨大隊黨支部書記陳永貴居此。

河西路22號封閉式內廊

河西路22號內走廊

河東路 17 號

河東路 17 號東北面

八八　河東路17號

88. No.17 Hedong
　　Road

　　英租借地時期爲
15C號。英國人建於公元
1910年以後，佔地面積
130平方米，爲石構二層。

八九　河東路9號

89. No.9 Hedong Road

　　英租借地時期爲14B號。原爲河東路190號，建於公元1903年，建築面積351平方米，爲石構一層，由芬蘭基督教西北信義會湖南津市教區所建。公元1933年至1946年，國民政府要員戴笠、王世傑、翁文灝、邵力子和唐縱曾先後居此。

　　公元1959年中共中央廬山會議期間，中共中央政治局委員、國務院副總理賀龍居此。公元1961年中共中央廬山會議期間，毛澤東的秘書、中共中央辦公廳副主任田家英居此。公元1970年8月下旬至9月上旬，中共中央政治局委員姚文元居此。公元1993年，此別墅被改建。

九〇　河東路 8 號
90. No.8 Hedong Road

英租借地時期爲 15A1 號。原爲河東路 196 號。大英執事會建於公元 1905 年，原別墅爲一層石構。公元 1925 年爲德國駐漢口領事館所有，此後爲英國基督教新教普利茅斯兄弟會所用。公元 1937 年，國民黨中央候補執行委員段錫明在"盧山談話會"期間居此。公元 1938 年，侍從室第一處主任俞國華居此。公元 1946 年至 1948 年爲國民黨勵志社總幹事黃仁霖的辦公室。

公元 1993 年，此別墅被拆除另建。

九一　河東路 11 號

91. No.11 Hedong Road

　　原爲河東路 192 號。原美國傳教士比爾斯別墅，建於公元 1911 年。公元 1934 年，交通部部長朱家驊來山居此。公元 1936 年，内政部長蔣作賓居此。公元 1937 年，蔣介石的侍從室主任陳布雷及幕僚人員居此。

九二 河東路 14 號

92. No.14 Hedong Road

英租借地時期爲15A3號。原爲河東路198號。公元1905年以後由大英執事會興建。這是一棟公寓式別墅，原爲一層石構，建築面積250.24平方米。公元1937年，蔣介石的侍從室第一處主任錢大鈞及幕僚居此。公元1946年，國民政府國防部預備幹部局局長、三青團中央常務幹事、青年軍總政治部主任、外交部駐東北特派員蔣經國居此。公元1947年，國民黨中央政治會議秘書長兼總統府國策顧問陳布雷居此。公元1948年，國共談判代表張治中居此。

公元1959年中共中央盧山會議期間，中共中央書記處書記李雪峰居此。

九三　河東路 13 號

93. No.13 Hedong Road

　　英租借地時期爲 15A2 號。原爲河東路 197 號。大英執事會別墅建於公元 1899 年，是廬山最早的二層建築之一，主體面積 208 平方米，加上副房（包括後來擴建的），建築面積共 450 平方米。公元 1938 年全國婦女界廬山談話會期間，婦女界領袖沈慈九、李德全居此。公元 1948 年成爲國民黨中央勵志社辦公室。

柏樹路5號

九四　柏樹路5號
94. No.5 Baishu Road

　　英租借地時期爲27號。公元1906年，由英國人阿瑟·安德烈·切爾德購建，青石瓦面，爲石構一層。公元1921年，中國海關總署檢查長英國人邁吉購得。公元20世紀30年代初又轉售給中國長沙海關。解放後收歸國有。現爲廬山牯嶺飯店職工宿舍。

柏樹路5號北立面

柏樹路5號頂部老虎窗和壁煙囪

鄱陽路1號

鄱陽路1號西立面及石院墙

九五　鄱陽路1號
95. No.1 Poyang Road

英租借地時期爲25B2號。大英執事會牯嶺公司經理、英國倫敦會傳教士都約翰 (Liddell John Duff) 建於公元1905年以前，爲一層石構，建築面積約130平方米。公元1898年，都約翰購得原25號地皮，面積約3800平方米。十年後，都約翰將25號地皮分爲25A號、25B1號、25B2號、25C號四塊。其中25B2號即今鄱陽路1號。公元1946年，25B1號和25B2號別墅被廬山管理局沒收。國民黨勵志社曾將它們作爲接待用房。

九六　柏樹路 8 號
96. No.8 Baishu Road

原爲柏樹路 120 號。英國蘇格蘭教會建於公元 1905 年以前，爲石構一層，建築面積 222 平方米。現存建築爲公元 20 世紀 90 年代末重建。

鄱陽路 3 號

鄱陽路 3 號院門石柱

九七　鄱陽路 3 號
97. No.3 Poyang Road

　　原業主爲大英執事會牯嶺公司經理、英國倫敦會傳教士都約翰。此別墅約建於公元20世紀初，爲石構一層，建築面積約140平方米。南向主立面的陽臺是後來改建的。

九八　鄱陽路 5 號
98. No.5 Poyang Road

原業主為大英執事會牯嶺公司經理、英國倫敦會傳教士都約翰。此別墅約建於公元20世紀初，為石構一層，建築面積約150平方米。

柏樹路72號

柏樹路72號院門石柱（柱上銘文爲“208”、“鴻廬”）

九九　柏樹路72號
99. No.72 Baishu Road

　　英租借地時期爲208號。歐式別墅，建於公元1920年前後，爲石構二層，建築面積606平方米。原業主不詳。

柏樹路 72 號北立面

柏樹路 72 號窗

柏樹路 72 號窗

一〇〇　普林路 26 號

100. No.26 Pulin Road

　　在原大英執事會“牯嶺英國土地投資有限公司”區域。歐式別墅，爲石構一層。原業主及建造
年代不詳。公元20世紀後期曾進行過部分改建。

一〇一　鄱陽路 27 號

101. No. 27 Poyang Road

　　原英國牯嶺地產公司別墅。此別墅建於公元 20 世紀 20 年代至 30 年代，爲石構一層，建築面積約 200 餘平方米。

普林路 30 號

普林路 30 號石階

一〇二　普林路 30 號
102. No.30 Pulin Road

　　英租借地時期爲 230A 號。公元 1921 年，由美國人雷魁爾（Harace R.Leguear）建造，爲一層石構，佔地面積 239.43 平方米。公元 20 世紀 30 年代初轉售給了中國人，命名爲"蓮花山房"。公元 1934 年 7 月下旬、9 月上旬，國民政府陸海空軍副總司令張學良居此。公元 1946 年 7 月至 9 月，國民政府行政院院長宋子文居此。

普林路 30 號東立面（局部）

普林路 30 號東立面、
門及外凉臺

普林路 30 號院内石刻
（銘文爲"蓮花山房"）

日照峰 16 號

一〇三　日照峰 16 號

103. No.16 Rizhaofeng Road

　　公元 20 世紀初，爲華界的擋壩埂第 7 號普仁醫院。此建築爲石構一層，青石瓦屋面，建築面積約 170 平方米。約在公元 20 世紀 40 年代初，此別墅轉售九江興中紗廠老板朱新。它是廬山現存最爲完整的青石瓦別墅。

日照峰 16 號室內壁爐

日照峰 16 號頂部青石瓦和三角形老虎窗

蓮谷路9號

蓮谷路9號西立面石階和門

一〇四　蓮谷路9號

104. No.9 Liangu Road

　　英租借地時期為267號。歐美公寓式別墅,建於公元1905年以後,建築面積325平方米,為石構二層。

一〇五 漢口峽路 15 號
105. No.15 Hankouxia Road

英租借地時期爲 269 號。原英國別墅，約建於公元 20 世紀初期，爲石木結構二層，建築面積 324 平方米。

一〇六　普林路 11 號
106. No.11 Pulin Road

　　英租借地時期爲 20 號。原大英執事會創辦的英國學校的主樓，公元 1920 年興建，佔地面積 460 平方米，爲石構三層。公元 1926 年，英國學校停辦。公元 1946 年至 1949 年爲廬山中學。

一○七　漢口峽路37號

107. No.37 Hankouxia Road

　　英租借地時期爲226號。原英國別墅，約建於公元1910年，建築面積380平方米，爲石構一層。別墅的特點就在於主體屋面上有六角結構（西、西南、南三面爲玻璃窗）的亭式閣樓。公元1936年，國民政府交通部駐廬山辦事處居此。

一○八 蓮谷路5號
108. No.5 Liangu Road

英租借地時期爲23號。英國土地投資有限公司約於公元1900年興建，建築面積約340平方米，爲一層石構。公元1935年，此別墅售給俄籍梅尼可夫。公元1946年8月上旬，蘇聯大使彼得羅夫居此。

公元1959年7月8日至10日，賀子珍居此。

蓮谷路 22 號

蓮谷路 22 號北立面

一〇九　蓮谷路 22 號
109. No.22 Liangu Road

英租借地時期為261號。這棟一層石構別墅建於公元1923年，建築面積210平方米。原業主為葡萄牙人阿里維拉(H. Oliverira and Ida Oliveira)兩人。公元20世紀30年代後，此別墅轉售他人。

漢口峽路 32 號

一一○　漢口峽路 32 號

110. No.32 Hankouxia Road

　　英租借地時期爲1號。此別墅爲公寓式，石構一層，建築面積220平方米。墻上石刻的"1900"
爲建築年代。公元1896年，漢口英國蘇格蘭聖公會將此地皮轉爲計約翰所有。公元1897年，此地
皮轉售上海的英國蘇格蘭聖經會。公元1900年，該會在原有木構別墅的地基上建了一棟石構的公
寓式別墅。公元1920年，時任漢口英文版《楚報》社長的計約翰將此別墅購下，後又轉售。

漢口峽路32號東立面（局部）

漢口峽路32號附房

——— 漢口峽路38號

111. No.38 Hankouxia Road

　　原爲英國"蘇格蘭國家聖經會"別墅區別墅之一，建於公元1900年以後，爲石構一層，建築面積186平方米。門窗約在公元20世紀80年代改建。

脂紅路 4 號

脂紅路 4 號東立面

一一二　脂紅路 4 號
112. No.4 Zhihong Road

　　英租借地時期爲脂紅路 8B 號。原爲河東路 173 號。建於公元 1920 年以後，業主原爲英國人阿達姆斯。別墅庭院面積 310 平方米，爲一層石構。公元 1929 年轉售給了英國駐遼寧海城牛莊鎮領事官賽斐赦(Savage Victor Laurent)。公元 1932 年拍賣給美國人杜克爾。公元 1946 年，國民黨勵志社購此接待外國使節或國民黨要員。

脂紅路 170 號

———三　脂紅路 170 號

113. No.170 Zhihong Road

　　英租借地時期為6A號。原英國循道會漢口教區主教別墅，約建於公元1902年。別墅為一層石構，室內結構以平面為八角形的客廳為中心來組織客房，有着中世紀阿拉伯帝國建築文化的意蘊。

脂紅路 170 號北立面

脂紅路 170 號敞開式木拱券外廊

　　公元 1916 年至 1922 年，美國牯嶺學校曾借用此別墅。公元 1946 年，此別墅爲國民黨勵志社用來接待外國大使或國民黨要員。

　　公元 1961 年中共中央廬山會議期間，中共中央政治局委員、中共中央華東局第一書記、中共上海市委第一書記柯慶施居此。公元 20 世紀 90 年代，此別墅被拆除改建。現爲廬山別墅村所用。

脂紅路 182 號

脂紅路 182 號西北面

一一四　脂紅路182號
114. No.182 Zhihong Road

　　英租借地時期爲7A號。原英國循道會會堂，建於公元1917年，爲一層石構，建築面積約190平方米。公元1933年爲國民政府軍事委員會委員長侍從室徵用。公元1947年10月，國民黨海軍副總司令桂永清居此。

一一五　上中路3號

115. No.3 Up Middle Road

　　英租借地時期爲66B號。原美國監理公會別墅，建於公元1898年，原業主爲美國懷特小姐（S. M.White）。別墅爲一層石構，建築面積約200平方米。

脂紅路 210 號

脂紅路 210 號窗

一一六　脂紅路 210 號

116. No.210 Zhihong
　　 Road

　英租借地時期爲15D2號。
公元 1910 年，美國人莫爾通姐
妹購地建造這一棟石構一層的
別墅，建築面積 236.7 平方米。
公元 1927 年倪桂珍購得，并贈
給女兒宋美齡。公元 1927 年至
1933 年，蔣介石夫婦多次居
此。現爲盧山旅游總公司管
理。

脂紅路 210 號北立面〔局部〕

脂紅路 210 號北面入口石階

脂紅路 210 號界碑〔銘文爲"TG Lot. 15. E 十五号紀界"〕

一一七　上中路4號

117. No.4 Up Middle Road

　　英租借地時期爲66A號。原美國監理公會別墅，約建於公元1898年，建築面積約130平方米，爲一層石構。

一一八 上中路10號
118. No.10 Up Middle
　　Road

原美國監理公會別墅，
建於公元1905年以前，建築
面積110平方米，爲石構二
層。

上中路 10 號

上中路 10 號北立面

一一九　上中路45號

119. No.45 Up Middle Road

　　英租借地時期爲65A2號。原捷克別墅，是典型的歐洲民居風格，主體佔地面積約82平方米。此房業主原爲捷克人，建於公元1905年以前，爲石木結構一層。捷克人的別墅，盧山僅此一棟。

一二○　上中路6號

120. No.6 Up Middle Road

　　原美國監理公會別墅，建於公元1905年以前，爲石構二層。

上中路 21 號

上中路 21 號東立面

上中路 21 號北立面的木窗

一二一 上中路 21 號

121. No.21 Up Middle Road

　　英租借地時期爲 69 號。原美國監理公會會堂，建於公元 1898 年，建築面積約 300 平方米，爲石構一層。

一二二　上中路24號
122. No.24 Up Middle Road

原美國中華聖公會別墅，建於公元1905年以前。

一二三　原上中路270號

123. No.270 Up Middle Road (former)

　　在原英租借地區域，歐式別墅，爲石構一層。原業
主及建造年代不詳。公元20世紀90年代末被拆除。

一二四　上中路44號

124. No.44 Up Middle Road

　　原美國"美以美"教會會堂，約建於公元1898年，爲
石構一層。

一二五　上中路 32 號

125. No.32 Up Middle Road

　　在原英租借地區域，歐式別墅，爲石構一層。原業主及
建造年代不詳。

脂紅路 29 號

脂紅路 29 號壁煙囪和老虎窗

一二六　脂紅路 29 號
126. No.29 Zhihong Road
　　英租借地時期爲15J號。公元
1921 年美國基督教北長老會長沙
教區傳教士凌格里（W.H.Lingle）
購建，爲石構一層，佔地面積 70
平方米。公元 1931 年轉售美國基
督教北長老會湖南湘潭教區傳教
士兼醫生杜克爾(Fred J. Tooker)。

一二七 上中路 42 號

127. No. 42 Up Middle Road

英租借地時期爲70號。公元1897年，美國基督教雅禮會女傳教士索爾斯通（Thurston Matilda S.）購得面積約2900平方米的地皮。公元1907年以後，建成石構一層的別墅一棟，建築面積約310平方米。公元1929年轉售他人。

一二八　大月山路 2 號

128. No. 2 Dayueshan Road

　　原美國德爾別墅，建於公元 1920 年，建築面積 150 平方米，爲石構一層。

一二九　大月山路３號

129. No. 3 Dayueshan Road

原德國克萊因別墅，建於公元1920年，建築面積190平方米。

大月山路4號

一三〇　大月山路4號

130. No. 4 Dayueshan Road

　　原英國康明德別墅，建於公元1918年，建築面積200餘平方米。公元1970年中共中央九屆二中全會期間，中共中央委員、湖北省革命委員會主任張體學居此。

大月山路4號東立面石階和門

大月山路4號頂部老虎窗和壁煙囪

大月山路 21 號

一三一　大月山路 21 號

131. No. 21 Dayueshan Road

　　英租借地時期爲197號。原業主是德國人克萊因，建於

公元1918年，建築面積180平方米，爲石構一層。

大月山路21號窗

大月山路21號敞開式外廊

大月山路5號

大月山路5號西立面

一三二　大月山路5號

132. No.5 Dayueshan Road

　　英租借地時期爲199號。原業主爲美國傳教士華敬士，建於公元1920年以前，爲石構一層，建築面積約200餘平方米。它是廬山英租借地最南端的別墅。

　　公元1970年中共中央九屆二中全會期間，中共中央委員、湖南省革命委員會主任華國峰在此下榻。

一三三　窑洼路20號

133. No.20 Yaowa Road

中國人建於公元20世紀20年代，建築面積736.3平方米，爲石構二層。

牯嶺街 20 號

牯嶺街 20 號窗、石階和外凉臺

一三四　牯嶺街 20 號
134. No.20 Kuling Street

歐式別墅，由中國人建於公元20世紀20年代，建築面積301平方米，爲不規則石構一層。北立面兩側建對稱的兩個六角亭，大門在北立面的中間，門前有石圍欄的小凉臺，由石階進入，呈現出山間別墅的風貌。

一三五　牯嶺街 48 號
135. No.48 Kuling Street

歐式別墅，約建於公元20世紀20年代，建築面積219平方米，爲石構二層。公元20世紀40年代至50年代，盧山清真寺遷此。

牯嶺街 28 號

牯嶺街 28 號東北面雪景

牯嶺街 28 號頂部青石瓦和窗

一三六　牯嶺街 28 號

136. No.28 Kuling Street

　　原美國靈修會別墅，約建於公元 20 世紀 20 年代，爲石構一層，建築面積 133 平方米。

慧遠路2號

慧遠路2號夜景

一三七　慧遠路2號
137. No.2 Huiyuan Road

　　原雲天花園、慧遠路828號。原爲一棟前四層、後三層的體量較大的別墅，是石頭墻與雨淋板山墻相結合的佳作，約建於公元1918年，佔地面積約380平方米。公元20世紀90年代，原慧遠路828號與原慧遠路829號聯體改建成現在的廬山管理局辦公樓。

一三八　慧遠路 13 號
138. No.13 Huiyuan Road

中國人建於公元 20 世紀 20 年代，建築面積 243.4 平方米，爲不規則石構三層。

慧遠路 48 號

一三九　慧遠路 48 號
139. No.48 Huiyuan Road

　　原爲林岳軍別墅，建於公元1923年，佔地面積約220平方米。此別墅最大特點在於把屋頂中間設置成一個中國古典式的六角亭，讓原汁原味的歐洲老虎窗分列兩旁。這棟別墅以亂石砌墻，地上兩層，地下一層。

慧遠路 48 號南面頂部六角亭窗

一四〇　河南路 25 號
140. No.25 Henan Road

　　原在英租借地區域，歐式別墅，建於公元1898年，建築面積269.7平方米，爲石構一層。原業主不詳。外墻上有"1934"字樣，爲後來的房主所刻。

一四二　河南路43號、45號

142. No.43 and 45 Henan Road

　　中國人建於公元20世紀30年代，均為木構一層。43
號房建築面積83.1平方米。45號房建築面積104.2平方米。

一四一　河南路49號

141. No.49 Henan Road

　　英租借地時期為1119號。歐式別墅，建於公元1911
年，建築面積155.8平方米，為石構一層。原業主不詳。

河南路 75 號

一四三　河南路 75 號

143. No.75 Henan Road

英租借地時期爲 1108 號。原德國別墅，建於公元 20 世紀初期，爲石構兩層，建築面積 187.9 平方米。

河南路75號南面頂部老虎窗和壁煙囪

河南路75號西立面

河南路 87 號

一四四　河南路 87 號

144. No.87 Henan Road

　　英租借地時期爲1127號。原瑞典史可德別
墅，建於公元20世紀初期，爲石構二層，建築
面積183平方米。

河南路 87 號壁煙囪

河南路 87 號窗

河南路91號

河南路91號西北面

一四五 河南路91號
145. No.91 Henan Road

英租借地時期爲128號。原瑞典傳教士晏□德別墅，約建於公元1910年，爲石構二層，建築面積231平方米。

河南路26號

河南路26號西立面（局部）

一四六　河南路26號

146. No.26 Henan Road

　　此別墅爲二層石構，建築面積150平方米，約建於公元20世紀20年代。原業主爲美國贛西北通聖會的女傳教士仁（Robey Emma）和施（Smith Edith）。此地皮在英租借地時期屬於美國基督教靈修會。

河南路 34 號

河南路 34 號北立面

一四七　河南路 34 號
147. No.34 Henan Road

　　此別墅爲三層石構，建於公元 1923 年，建築面積約 170 平方米。原業主爲德國人瑪麗·李博德(Mary D. Lipporte)。當時地皮編號爲 1136 號。

河南路 93 號

河南路 93 號院內石刻（銘文爲 "虎守松門。庚午九月，將去山居，留題門前石。散原老人陳三立"）

一四八　河南路 93 號
148. No.93 Henan Road

原爲松樹路 1129 號 A。原挪威別墅，建於公元 20 世紀 20 年代初。公元 1929 年，陳三立及其次子陳隆恪夫婦居此，同年購得。陳三立命名爲 "松門別墅"，并在門前巨石上題刻 "虎守松門"。公元 1933 年，陳三立遷居北京，陳隆恪夫婦居此。

公元 20 世紀 50 年代以後，陳三立長孫陳封懷一家居此。現産權歸廬山房地産公司所有。此別墅於公元 2000 年被列爲江西省文物保護單位。

河南路 115 號

河南路 115 號頂部壁煙囪

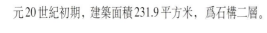

一四九　河南路 115 號
149. No.115 Henan Road
　　英租借地時期爲1202號。原尤達夫別墅，建於公元20世紀初期，建築面積231.9平方米，爲石構二層。

河南路47號

河南路47號北立面

一五〇　河南路47號

150. No.47 Henan Road

　　英租借地時期爲1124號。西式
別墅，建於公元20世紀初期，建築面
積486.4平方米，爲不規則石構二層。

一五一 河南路 125 號

151. No.125 Henan Road

　　英租借地時期爲 1204 號。原德國別墅，建於公元 1909 年，建築面積 236.9 平方米，爲石構二層。

河南路76號　　　　　　　　　　　　　　　　　　　　　　　河南路76號壁煙囪

一五二　河南路76號
152. No.76 Henan Road

　　原爲河南路1221號。原美國紐曼別墅，建於公元1923年，爲石結構二層，佔地面積約160平方米。原業主爲大美國浸禮會差會廣東黃崗廳教區的傳教士、醫學博士紐曼(H.W. Newman)。公元20世紀40年代後期，爲廬山管理局所有。現爲江鈴集團廬山接待處租用。

河南路 129 號

河南路 129 號外墙石刻（銘文爲 "LOT140A, KLIPPHALLA"）

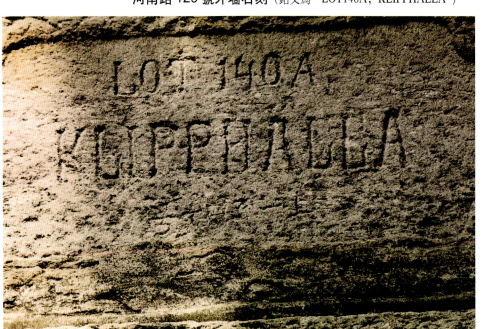

一五三　河南路 129 號

153. No.129 Henan Road

　　英租借地時期爲140A號。此別墅建於公元20世紀初期，建築面積240平方米，爲不規則石構一層。

一五四　河南路71號

154. No.71 Henan Road

　　當時的門牌是1126號。原業主爲德國人，約建於公元20世紀20年代。此別墅爲石構兩層，佔地面積約180平方米。

松樹路 5 號

松樹路 5 號界碑（銘文爲 "任恩庚界，Junkih，39 D"）

一五五　松樹路 5 號
155. No.5 Pine Road

　　美國基督教南長老會江蘇宿遷縣教區第一任主教、神學博士烏·弗·加恩克（Junkih W.F.,中文名爲任恩庚）興建。別墅前立兩塊地界石（一塊上橫刻"任恩庚界，Junkih，39D"，另一塊竪刻"任恩庚舍"），建築面積約 102 平方米，爲石構二層，建築年代不詳。

一五六　大林路89號
156. No.89 Dalin Road

原美國安息日會別墅，建於公元20世紀20年代，建築面積133平方米，爲石構一層。

一五七　大林路114號、116號

157. No.114 and 116 Dalin Road

原爲大林衝25號，蔡慶雲別墅。建造時間和建造人不詳。公元1961年如琴湖建成以後，這兩座別墅與湖光山色融爲一體。

大林路 116 號東南面

大林路 114 號南立面

大林路 114 號、116 號

大林路 32 號

大林路 32 號窗

一五八　大林路 32 號

158. No.32 Dalin Road

　　此別墅建於民國初期，建築面積220平方米。公元1927年起，別墅爲廬山管理局使用。現爲廬山幼兒園的教師辦公室。

一五九　大林路86號

159. No.86 Dalin Road

　　中國人建於公元 1925 年。歐式別墅，建築面積 999 平方米，爲石木結構一層。現爲盧山中學教師宿舍。

大林路23號、25號（攝於公元20世紀30年代）

大林路25號南立面門樓

一六〇　大林路23號、25號

160. No.23 and 25 Dalin Road

　　原輔仁醫院，亦稱"新醫院"，建於公元20世紀20年代至30年代。23號房建築面積1187平方米，爲石構二層。25號房建築面積2830平方米（含附房），爲石構三層。公元1927年，方志敏居此。

大林路25號南立面

大林路25號壁煙囪和老虎窗

大林路 102 號

大林路 102 號院内石刻（銘文爲 "甘泉。己巳夏，山居落成。宅西有山，多磐石。植古松數百，具天然之美。又有清流一泓，駕石橋通焉。偶於橋畔得此泉，味甘而鮮，因以名之。甲戌秋日朱植圃題，時年五十又四"）

大林路 102 號西南面

大林路102號院門石柱(銘文爲"植圃"、"1929 LOT 24 WEST VALLEY")

一六一　大林路 102 號

161. No.102 Dalin Road

　　武漢大商人朱植圃於公元 1929 年購地建造，是中國人在廬山建造的體量較大的豪華別墅之一。其總體風格仿英國券廊式，爲二層石構。原有庭院面積 5000 平方米，建築面積 460 平方米。現爲廬山療養院管理使用。

大林路61號

一六二　大林路61號

162. No.61 Dalin Road

　　英租借地時期爲1166號。原美國基督復臨安息日
會的聖道學校，建於公元1922年，爲三層石構，佔地面
積約280平方米。

大林路61號主立面外牆門上
方石刻（銘文爲"1922，聖道學校"）

大林路61號頂部壁煙囱

大林路 101 號

大林路 101 號西南面

大林路 101 號機瓦屋面、煙囪和老虎窗

一六三　大林路 101 號

163. No. 101 Dalin Road

　歐式別墅，約建於公元 1931 年，爲石構一層。原業主不詳。

一六四　大林溝路80號

164. No.80 Dalingou Road

　　中國人建於公元1936年。歐式別墅，爲石構一層。原業主不詳。

一六五　大林溝路82號

165. No.82 Dalingou Road

　　中國人建於公元1936年。原業主不詳。門廊與別墅的歐式風格大體一致。

一六六　大林路 159 號、151 號

166. No.159 and 151 Dalin Road

　　原屬境界路，爲歐式別墅。原業主及具體建造年代不詳。

一六七　環山路 30 號

167. No.30 Huanshan Road

　　歐式別墅，建於公元 1929 年。原業主不詳。公元 20 世紀 90 年代，陽臺上加蓋了房間。

大林路 36 號

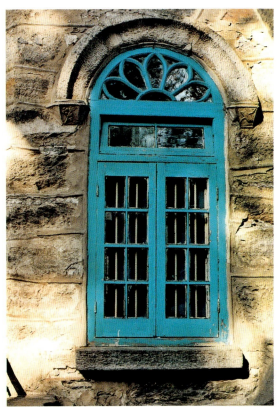

大林路36號石雕圓拱木窗

大林路36號門

一六八　大林路36號

168. No.36 Dalin Road

　　英租借地時期，屬原西谷"華界"區域。歐式別墅，建築面積220.3平方米，爲石構一層，建造年代不詳。公元1927年，廬山管理局成立時在此辦公。

一六九　原慧遠路1183號

169. No.1183 Huiyuan Road(former)

　　中國人約建於公元1936年，建築面積167平方米，爲石構二層。

一七○　大林溝路98號

170. No.98 Dalingou Road

　　原爲大林溝路1216號。原李烈鈞別墅，建於公元1930年，爲石構一層。公元1933年至1936年，國民黨候補中央監察委員李烈鈞居此。公元20世紀50年代改爲廬山民政招待所。現爲江西省軍隊離退休幹部休養所。

大林溝路 52 號

大林溝路 52 號西立面

大林溝路 52 號煙囱

一七一　大林溝路 52 號

171. No.52 Dalingou Road

　　原爲大林溝路 1199 號。原李烈鈞別墅，建於公元 1930 年。公元 20 世紀 30 年代，國民黨候補中央監察委員李烈鈞居此，取名爲崇雅樓。此別墅爲石木結構二層，建築面積 256 平方米，四坡組合屋面。現爲廬山雲霧所辦公室。

一七二　大林溝路92號
172. No.92 Dalingou Road

　　原爲大林溝路1213號。原李烈鈞別墅，建於公元1930年，爲石構二層，建築面積120平方米。公元1933年至1936年，李烈鈞居此。公元20世紀50年代改爲廬山民政招待所。現爲江西省軍隊離退休幹部休養所。

一七三　湖北路19號
173. No.19 Hubei Road

　　英租借地時期爲1255號。歐式別墅，約建於公元20世紀20年代，建築面積198.5平方米，爲木構一層。原業主不詳。

一七四 湖北路 14 號

174. No.14 Hubei Road

英租借地時期爲 1264 號。歐式別墅，約建於公元 20 世紀 20 年代，建築面積 214.8 平方米，爲石木結構二層。原業主不詳。

一七五 湖北路 12 號

175. No.12 Hubei Road

英租借地時期爲 1250 號。歐式別墅，約建於公元 20 世紀 20 年代，建築面積 121.5 平方米，爲石木結構一層。原業主不詳。

環山路 37 號

一七六　環山路 37 號

176. No.37 Huanshan Road

　　原慧遠路 742 號。公元 1929 年，著名實業家吳鼎昌建造。這棟石構二層的古堡式別墅，建築面積 685 平方米。這是中國人自己建造的整體保存完好的歐式別墅。公元 20 世紀 50 年代改爲盧山文物陳列室，70 年代以後爲盧山建設處接待用房。

環山路 37 號西南角樓

環山路 37 號門樓

環山路 37 號石雕圓拱木窗

一七七 環山路圓佛殿

177. Round Buddha Hall at Huanshan Road

　　此殿由唐生智約建於公元1927年，傳爲祭祀其母而建。佛殿外形呈圓形，爲石構二層，主立面西向，石門石窗均爲歐洲近代別墅式樣，屋面却採用中國古典建築的攢尖頂，内有塔心與頂尖相連。它的建築風格主體是中國傳統建築文化，與東谷近代歐洲別墅群有着某種文化聯繫，是廬山東西方文化融合的一種建築式樣。

　　唐生智，公元1927年任武漢國民政府委員、第八軍軍長、第四方面軍總指揮，兼任第一方面軍總指揮、南京國民政府委員和南京國民政府軍事委員會委員。

一七八　河西路 11 號
178. No.11 Hexi Road

英租借地時期爲 35 號。原中央銀行駐廬山營業處，建於公元 1936 年，建築面積 310 平方米，爲石木二層。現爲廬山圖書館管理使用。

香山支一路5號

香山支一路5號院門石柱

一七九　香山支一路5號

179. No.5 Sub Xiangshan Road

　　此歐式別墅建於公元20世紀20年代至30年代，在原美國別墅區內，爲石構二層。原業主不詳。

一八○　香山支三路 2 號

180. No.2 Sub Xiangshan Road

　　此歐式別墅建於公元 20 世紀 20 年代至 30 年代，在原美國別墅區內，爲木構一層。原業主不詳。

香山支一路 4 號

香山支一路 4 號院內石桌櫈

一八一　香山支一路 4 號

181. No.4 Sub Xiangshan Road

　　此歐式別墅建於公元20世紀20年代至30年代，在原美國別墅區內，爲石構一層。原業主不詳。

一八二　香山路 19 號

182. No.19 Xiangshan Road

　　英租借地時期爲猴子嶺 16 號。原英國教會醫院，建於公元 20 世紀初期，主體佔地面積約 155 平方米，爲石構二層。

一八三　香山路 24 號

183. No.24 Xiangshan Road

　　英租借地時期爲 139 號。原美國傳教士別墅，建於公元 1923 年，建築面積 149.4 平方米。

香山支三路 12 號

香山支三路 12 號 石雕圓拱木百葉窗

一八四　香山支三路 12 號

184. No.12 Sub Xiangshan Road

　　原爲醫生窪 14 號。此歐式別墅建於公元 20 世紀初期，在原美國別墅區内。原業主不詳。公元 1927 年 7 月，曾作爲江西省立星子林業學校校舍。

一八五　香山路34號

185. No.34 Xiangshan Road

　　此歐式別墅位於原英國循道會主教別墅小區内。原業主及建造年代不詳。

香山路18號

香山路18號南立面（局部）

一八六　香山路18號

186. No.18 Xiangshan Road

　　英租借地時期爲醫生窪134A號。公元1920年，中國籍女基督徒索菲亞（Annie Sophie）和亨特爾（Emily Kate Hunter）建一層石構別墅一棟，建築面積約320平方米。封閉式外廊是它的顯著特徵。國民政府軍事參議院參議、第九軍軍長上官雲相曾在此下榻。

香山路45號

香山路45號院門石柱

一八七　香山路45號

187. No.45 Xiangshan Road

　　公元20世紀30年代的門牌編號爲"香山大路13號"。此歐式別墅爲兩層石構，約建於公元1910年以後。

一八八　香山路 29 號
188. No.29 Xiangshan Road

　　英租借地時期爲醫生窪 138 號。原德國別墅，建於公元 1916 年前後，建築面積 188 平方米，爲一層石構。公元 1934 年至 1937 年，爲國民政府軍事委員會侍從室所用。

香山路 42 號

一八九　香山路 42 號

189. No.42 Xiangshan Road

　　相傳爲英國人於公元20世紀初建造。門柱上刻有 "宏廬" 兩字。此
別墅前的石階設計獨特。現爲廬山雲中賓館職工宿舍，基本上保存了原
來的風貌。

香山路 42 號石階和石圍欄

香山路 42 號院門石柱

香山路37號

香山路37號北立面及院門

一九○　香山路37號

190. No.37 Xiangshan Road

　　此別墅建於公元1912年前後，仿英國別墅建築風格。

香山路37號敞開式外廊及入口石階

白雲觀路 1 號

白雲觀路 1 號入口石階及門

一九一　白雲觀路 1 號

191. No.1 Baiyunguan Road

英租借地時期爲醫生窪 143 號。公元 1907 年，由常居上海的美國基督教南長老會傳教士、醫生布拉德魯（JOHN Wilson Bradley）興建，爲一層石構，建築面積約 350 平方米。公元 1932 年轉賣給曾仲鳴，公元 1937 年成爲孫科居所。公元 1946 年，此別墅被廬山管理局沒收。

一九二　白雲觀路3號

192. No.3 Baiyunguan Road

　　此歐式別墅位於原美國"租借地"別墅區內，爲石構一層。原業主及建造年代不詳。

　　此歐式別墅位於原美國"租借地"別墅區內，爲石構一層。原業主及建造年代不詳。

香山路 13 號

一九三　香山路 13 號

193. No.13 Xingshan Road

　　原爲香山路527號。原法國天主教教堂，公元1894年由法國天主教九江主
教樊迪埃捐建，爲廬山山上最早的西方建築。現歸廬山管理局統戰部門管理。

香山路 13 號内廳

香山路 13 號門和圓拱窗

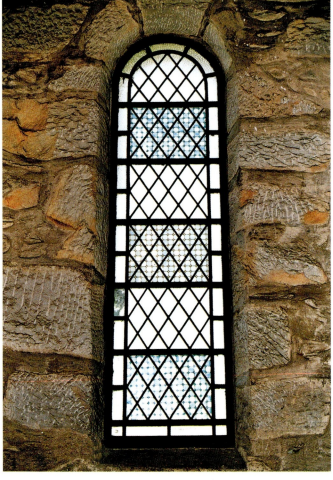

香山路 13 號窗

一九四　白雲觀路 4 號

194. No.4 Baiyunguan Road

此歐式別墅位於原美國別墅區內。原業主及建造年代不詳。

香山路47號

香山路47號東立面

一九五　香山路47號
195. No.47 Xingshan Road

英租借地時期爲猴子嶺8號。此建築爲橫向對稱的三亭式石構一層別墅，沒有外廊。這種結構的別墅在盧山是惟一的一棟。原業主爲美國的瑞典基督教行道會湖北襄陽教區主教馬德盛(Matson P.)。庭院面積達3000平方米，三個副房和一個主房的建築面積在680平方米以上。此別墅建於公元1920年。五年後，售給時任北洋政府江西省督軍的方本仁，題"靜廬"。公元1927年，曾作爲江西省立星子林業學校校舍。

公元20世紀70年代，曾准備作爲柬埔寨王國西哈努克親王上盧山時下榻之地。現爲盧山雲中賓館管理使用。

香山路 47 號附房

香山路 47 號附房

白雲觀路 10 號

白雲觀路 10 號門

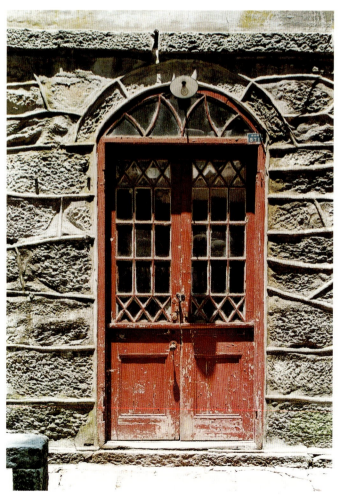

一九六　白雲觀路 10 號

196. No.10 Baiyunguan Road

　　此歐式別墅位於原美國別墅區内。原業主及建造年代不詳。

仰天坪5號

仰天坪5號入口石階及外凉臺

一九七　仰天坪5號
197. No.5 Yangtianping Road

　　公元1897年,沙俄東正教會在蘆林山谷有"租借地"。此建築公元20世紀20年代由俄國人建造,30年代至40年代法國人租此辦學。主樓二層,佔地面積約300平方米。

　　公元20世紀50年代以後劃給蘆山林場,80年代中期以後爲全國人大蘆山休養所管理使用。

一九八　植青路21號

198. No.21 Zhiqing Road

此建築在廬山植物園內，爲植物園花房。

一九九　植青路 13 號

199. No.13 Zhiqing Road

此地原名"橫門口"，又稱"虎門"。此歐式別墅建於公元 1934 年以後，爲石構二層，主體佔地面積約 100 平方米。原爲蔣介石在廬山植物園内的別墅。

植青路 13 號

植青路 13 號
西南面

黃龍路 1 號

黃龍路 1 號西南面

黃龍路 1 號東立面

二〇〇　黃龍路 1 號

200. No.1 Huanglong Road

　　此別墅亦稱"鹿野山房"。國民政府主席林森公元1932年至1937年居此，時稱 "國府行館"。它面朝黃龍山谷，平面似凹形，主立面的一樓有敞開式外廊，二樓的相同位置爲雨淋板封閉的外廊。在此別墅西面，有林森在公元1934年題刻的摩崖石刻"湧泉"。

黃龍路 1 號院内石刻（銘文爲"湧泉。民國二十三年六月望日雨后引得，青芝老人"）

二〇一　蘆林40號

201. No.40 Lulin Road

　　原俄國別墅，建於公元1925年，爲石構二層。原業主不詳。

蘆林 4 號

二○二　蘆林 4 號
202. No.4 Lulin Road

　　原俄國別墅，竣工於公元 1928 年。

蘆林 4 號外墙石刻（銘文爲"此屋落成於民國十七年夏"）

二○三　迴龍路 4 號

203. No.4 Huilong Road

此歐式別墅的原業主及建造年代不詳，後改建。北立面外壁連向石煙囪的卵石砌的煙道尚在。

太乙村三柳巢別墅

太乙村三柳巢別墅院内石刻（銘文爲"三柳巢"）

二〇四　太乙村三柳巢別墅

204. Sanliuchao Villa at Taiyi Village

　　此別墅爲著名的抗戰將領蔡廷鍇建於公元
1931 年。

二〇五　太乙村吴氏院

205. Wushi Villa at Taiyi Village

　　此別墅建於公元1932年。原業主吳奇偉（公元1890—1953年），字晴雲，號梧生，廣東大埔
人，抗日戰爭期間率第九集團軍參加南潯戰役。

二〇六　太乙村月泉別墅

206. Moon Well Villa at Taiyi Village

此別墅傳爲蔣介石、宋美齡建於公元 1927 年。

二〇七　太乙村晚庵

207. Wan'an Villa at Taiyi Village

　　此別墅建於公元1923年,是太乙村最早的別墅之一。原業主曾晚歸曾任廬山管理局第二任局長。

附　録

APPENDIX

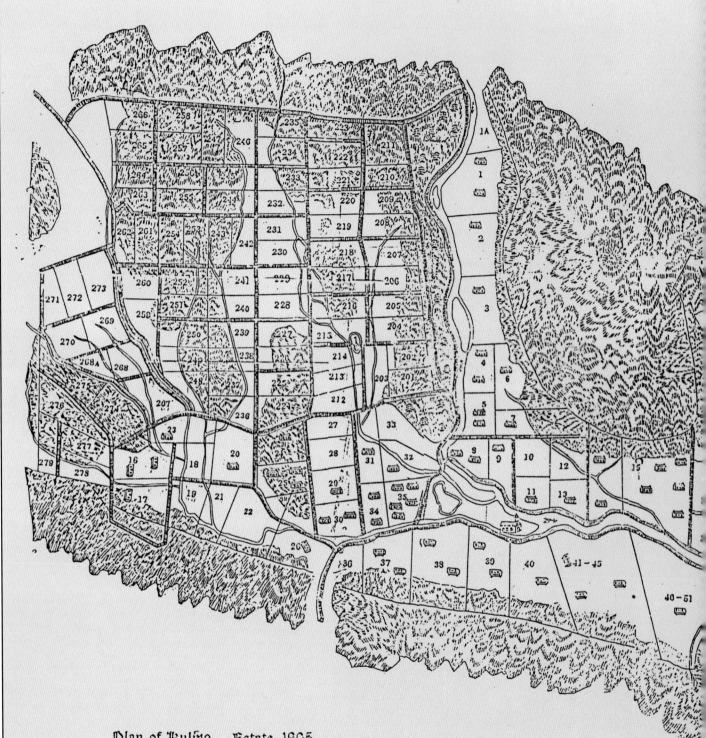

Plan of Ruling Estate, 1905.

Scale

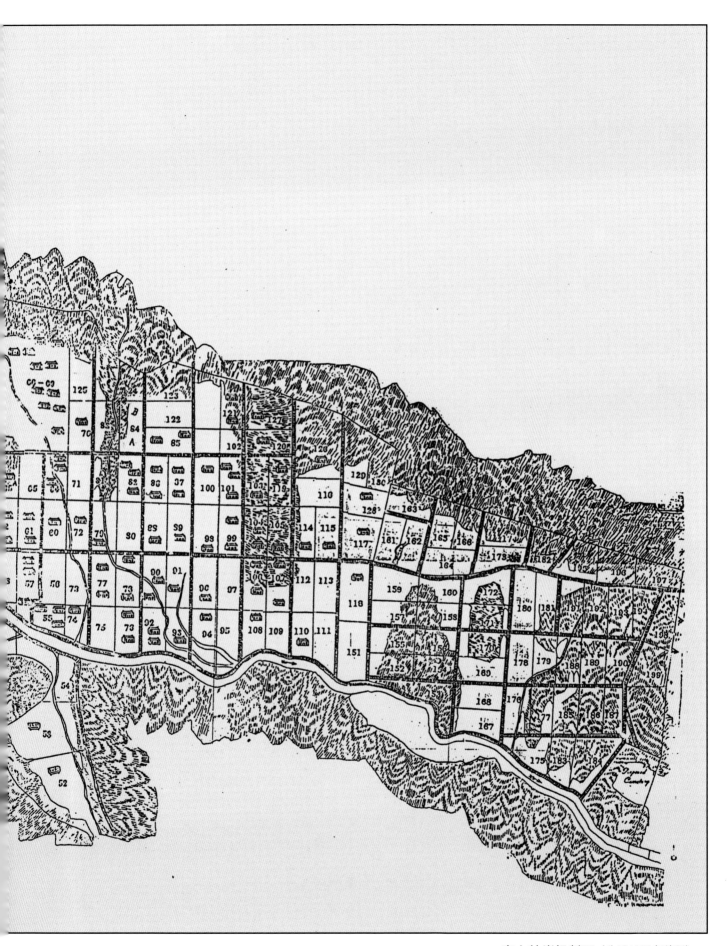

一　廬山牯嶺規劃圖（公元 1905 年繪製）

INDEX MAP-KULING ESTATE
Showing Lot Numbers
NOS 1-15

NOS 16-35

NOS 201-275

二　牯嶺產業區界限附圖

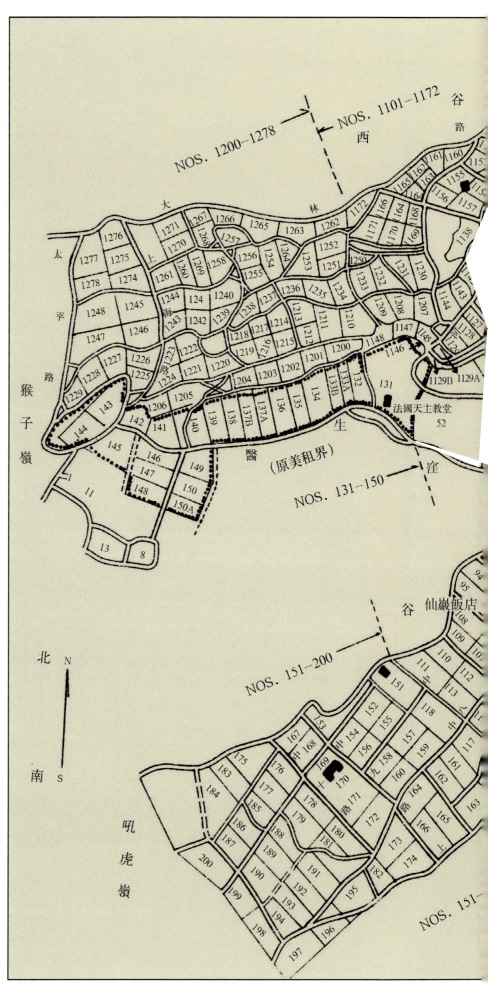

三　原廬山英租界別墅區域圖

（參考公元1925年的《廬山指南》）

302

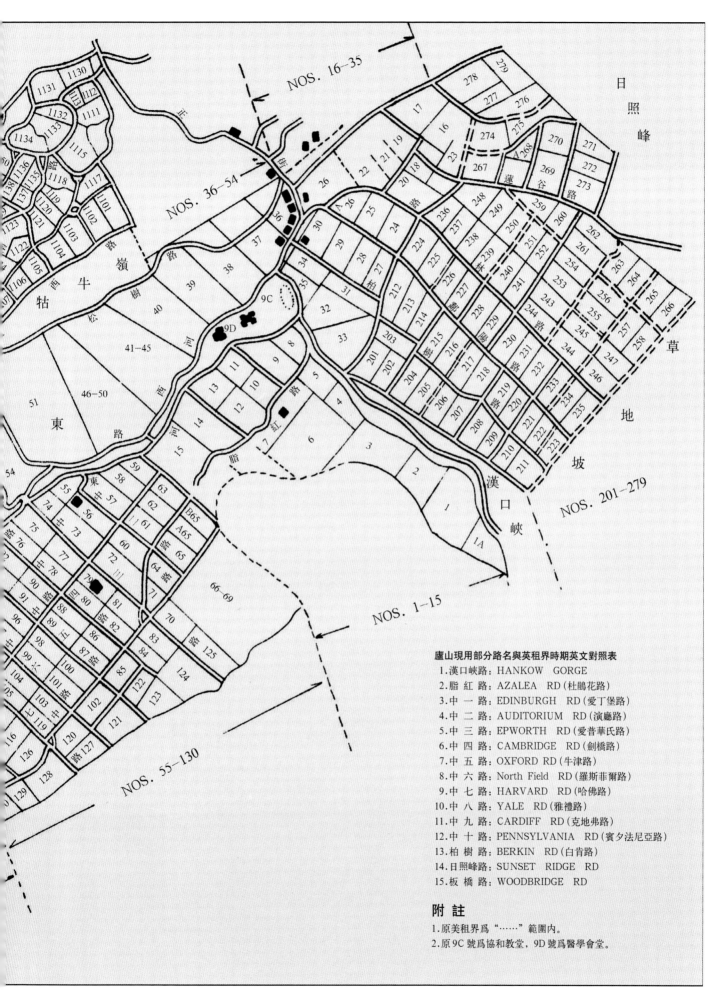

廬山現用部分路名與英租界時期英文對照表

1. 漢口峽路：HANKOW GORGE
2. 脂紅路：AZALEA RD（杜鵑花路）
3. 中一路：EDINBURGH RD（愛丁堡路）
4. 中二路：AUDITORIUM RD（演廳路）
5. 中三路：EPWORTH RD（愛普華氏路）
6. 中四路：CAMBRIDGE RD（劍橋路）
7. 中五路：OXFORD RD（牛津路）
8. 中六路：North Field RD（羅斯菲爾路）
9. 中七路：HARVARD RD（哈佛路）
10. 中八路：YALE RD（雅禮路）
11. 中九路：CARDIFF RD（克地弗路）
12. 中十路：PENNSYLVANIA RD（賓夕法尼亞路）
13. 柏樹路：BERKIN RD（白肯路）
14. 日照峰路：SUNSET RIDGE RD
15. 板橋路：WOODBRIDGE RD

附 註

1. 原美租界爲“……”範圍内。
2. 原9C號爲協和教堂，9D號爲醫學會堂。

後　　記

　　發掘和宣傳廬山別墅文化，多角度、多方位展示廬山別墅的風采，喚起與提高人們對廬山別墅的保護意識，是我們文博工作者的一項職責。綜觀介紹廬山別墅方面的書籍，至今還沒有一本大型專題圖集。爲彌補這一不足，我館組織專業人員對廬山所有別墅進行調查和拍攝，同時也蒐集了部分別墅的老照片和有關別墅方面的資料，編輯了《牯嶺上的石頭屋——廬山別墅》一書。

　　本圖集的問世，首先得到中國文物出版社領導和周成編審的大力支持和幫助，同時得到廬山管理局、廬山文化處各級領導的關心和重視，在此表示誠摯的感謝！中國文物學會名譽會長、全國著名古建築專家羅哲文先生爲本書題簽。江西省人大常委會委員、江西省人大教科文衛委員會副主任委員李國强先生爲本書作序。廬山建設處歐陽懷龍總工程師爲本書撰寫了概論。廬山圖書館研究員羅時叙爲本書部分照片撰寫了文字説明并審定了全部照片的文字説明。本書其他照片的文字説明部分參考了羅時叙《廬山別墅大觀》一書（中國建築工業出版社2005年版）。對上述領導與專家學者的幫助，在此表示特別的感謝！一些老照片由於年代久遠，無法查找作者姓名，也在此予以説明。本書圖片的文字説明，僅供參考，不能作爲房産權屬的依據。

　　本書策劃爲鄒秀火、虞成萍和張武超，攝影爲黃健，李燕、左家瑩、薄冀萍和杜成志參加了編輯工作。

廬　山　博　物　館

2006 年 8 月 26 日

POSTSCRIPT

It is an important responsibility of our cultural and historical relic protection Worker to explore and publicize the villa culture of Mt.Lushan and arouse people's attention to cherish and protect villas of Mt.Lushan .To date, few large-scale specialized picture albums have been published aobut Mt.Lushan.Lushan Museum organized staff to investigate and photograph all villas of Mt.Lushan. Some old pictures and relevant date about villas of Mt.Lushan are also collected to compile this book *Stone House of Kuling -Villas of Mt.Lushan.*

First of all,we present our sincerely gratitude to the leader and senior editor Zhou Cheng of Cultural Relics Press and the leaders of The Administrative Bureau of Scenic and Historic Interest Region of Mt.Lushan and Culture Office Of Mt.Lushan.Mr.Luo ZheWen,honorary president of Chinese Cultural and Historical Relic Institute,and a celebrated specialist of ancient architecture of China wrote the title for the picture album. Mr.Li GuoQiang,member of the Standing Committee of the National People's Congress of Jiangxi Province, vice director of the committee of Education,Science,Culture and Public Health of the Standing Committee of the National People's Congress of Jiangxi Province prefaced this picture album with an introduction.OuYang HuaiLong, general engineer of Construction Office of Mt.Lushan wrote the outline for this book . Luo ShiXu from Lushan Library wrote description for part of the pictures and examined all the picture descriptions. Some picture descriptions are written with reference to the book － Lushan Villa View(2005 edition published by Chinese Architecture Industry Publishing House)of Luo ShiXu.Our greatest debt is to authors of some old pictures that appear in this book .The captions of the pictures in this album is only for reference and can not be used as a legal basis for house property.

This book are planned by Zou XiuHuo,Yu ChengPing and Zhang WuChao, Photographed by Huang Jian. The work of edition is done by Li Yan, Zuo JiaYing,Bo JiPing and Du ChengZhi.

Lushan Museum
August 26th,2006

的双手，从不颤抖，使用左手要跟右手那样敏捷……

☆ 人体并非机器，不可做任意拆装

☆ 每个外科医生必须掌握娴熟的外科基本操作技术，才能胜任各种复杂的外科手术

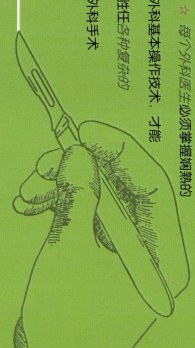

人民卫生出版社

责任编辑 / 贾晓紫
封面设计 / 代珊珊
版式设计 / 盖　伟
责任校对 / 宋焙茹